QIYE CHENGZHANGLI SHUJIA
企业成长力书架

一本书读懂管理心理学

高子馨◎著

中国财政经济出版社

图书在版编目（CIP）数据

一本书读懂管理心理学/高子馨著．--北京：中国财政经济出版社，2014.6

（企业成长力书架）

ISBN 978-7-5095-5127-1

Ⅰ.①一… Ⅱ.①高… Ⅲ.①管理心理学 Ⅳ.①C93-05

中国版本图书馆CIP数据核字（2013）第034385号

责任编辑：张若丹　　责任印制：刘春年

责任校对：杨瑞琦　　装帧设计：盛世纳唐

中国财政经济出版社出版

URL：http://www.cfeph.cn

E-mail：cfeph@cfeph.cn

社址：北京市海淀区阜成路甲28号　邮政编码：100142

营销中心电话：010-88190406　北京财经书店电话：010-64033436

北京新华印刷有限公司印刷　各地新华书店经销

787×1092毫米　16开　14.75印张　182 000字

2014年7月第1版印刷　2014年7月北京第1次印刷

定价：36.00元

ISBN 978-7-5095-5127-1 /C · 0036

（图书出现印装问题，本社负责调换）

本社质量投诉电话：010-88190744

反盗版举报热线：88190492　88190446

QIYECHENGZHANGLISHUJIA

企业成长力书架

编 委 会

主办单位　北京联大文化发展有限公司　www.ldwhbook.cn

序　言

管理是一门有趣的心理学

目前，心理学在全社会得到越来越多的重视，而企业管理和心理学的结合作为其中的一个重要方向变得尤为重要。实际上，心理学和管理一直有着密切关系，可以说，管理本身就是一门有趣的心理学。从表面化的简单管理，到以人为本的心理层面管理，最根本的变化就在于对管理对象个人所给予的高度重视。这样的转变，主要基于 20 世纪 60 年代产生的人本主义心理学。通过这种心理学的发展变化，体现出在管理中尊重人性、尊重人的心理的重要性。

管理者要尊重管理对象，首先就要明确其心理和行为特征。同样，管理者要想真正成功地履行责任，就要做到充分了解自身的心理活动特点。这就需要管理者在理论和实践的基础上，充分了解管理者自身的人格特征、管理需要、管理兴趣。因此，管理者应该能够正确利用心理学上的相关知识、技术手段，帮助自己更好地认识自己在管理中所表现出的心理和行为特征。只有这样，管理者才能够站在科学的角度，去积极影响、改善和控制自身的管理行为，由此不仅能做到按照组织的利益需要去行动，同时还能促进管理对象对组织目标的付出和努力。

然而，目前在国内的研究和实践中，系统全面地介绍管理心理学的书并不多见，也很少有人站在管理者的角度来阐述心理学在管理过程中具体可以进行的研究探讨，以及是否可以具体做出改进和提高。有鉴于此，本书作者结合自身对管理理论和实践的充分研究，尝试构建关于管理和管理者心理学的学科体系，同时，作者希望通过将管理心理学和影视欣赏的结合，帮助更多从事管理的职场人士从文化层面对管理心理学做出更加实际的解读。

经过作者的长期努力，本书得以与读者见面。在具体的内容结构和体例上，本书也别具一格。其特点主要表现在以下方面：

首先，本书章节结构清晰。本书第一章，强调管理心理学研究的必要性，凸显管理心理学的价值。第二章，通过探讨管理心理学所基于的不同心理学定律，构建出管理心理学所必须遵循的基础理论体系。第三章，研究领导心理学，站在团队领导的角度，帮助管理者认识领导过程中的心理状态特点。第四章，通过对团队心理的研究，揭示出带领团队所应该遵循的心理规律。第五章，集中在沟通心理学内容的研究和表现上，告诉管理者在沟通过程中应该加以重视的问题。第六章，为读者展现出奖惩心理学背后的奥秘，帮助读者更好地了解管理者是基于怎样的心理认识特点来实施奖惩的。第七章，讲解决策心理学，能够让管理者看到决策背后的心理作用和效果。第八章，博弈心理学，阐述管理中博弈的本质以及博弈双方的心理特点。第九章，情绪心理学，通过这方面的内容，帮助管理者更好地管理自身在工作中的情绪并引导好员工的情绪。

其次，本书案例丰富而特别。和其他管理类书籍不同，本书更侧重于启发管理者对心理学现象的主动观察和了解，而不仅仅局限于管理者在实际工作中的行动、表现和收获。因此，本书选择了大量影视案例来表现管理心理学。这是因为影视作品作为高度艺术化的生活表现，能够更为集中地体现出心理学在不同管理情境下带来的冲突和矛盾，展现出心理学规则的意义和价值，体现出管理心理学的应用和实践方法。这样，读者将能够更高效、更迅速、更直观地明白本书中的心理学方法和观点。

实际上，管理心理学是心理学知识在管理领域的延伸和应用。而心理学来自于对每一个人的尊重和认同，也必将表现为对每一个人价值的推崇和运用。因此，当管理者真正明白心理学的价值之后，将能够更好地让自己的管理方法科学化、系统化和持续化，站在更高的层次去观察自身的工作和团队的运作，并从中得到乐趣和收益！

目录
CONTENTS

第一章　管理心理学是基于人性的假设

第二章　带着管理心理学定律从心出发

第三章　领导心理学：与追随者的一次心灵交换

第四章　团队心理学：管人先管好人心

第五章　沟通心理学：交流用心不用嘴

第九章 博弈心理学：站在博弈制高点的“心时代”

第一章
管理心理学是基于人性的假设

管理者的个体心理（性格、能力、气质）

管理者是团队中与众不同的那个人。之所以如此说，是因为管理者肩负着更多的责任，面临着更多的挑战，在上司眼中和在员工眼中分别扮演着不同的角色。同时，管理者又首先是“人”，是来自于生活锻炼、教育训练和工作积淀的人，是在职位和履历华丽包装下的普通人。因此，观察和研究他们作为人的特点，能够为认识管理心理学构造良好的基础。

管理不仅要知己，也要知彼。管理者只有先了解了自己的个性，才能控制好自己，把握自己在不同性格员工面前的态度和管理方式。首先，管理者作为人的特点，在于其个性化。

什么是个性？个性就是每个人心理特征的综合，这种心理特征是带有倾向性的，能够反映出一个管理者的长期表现。同时，个性也是本质性的，能够表现出一个管理者的根本特点，另外，它还是比较稳定的，可以预测出管理者的表现。

如果加以细分，管理者的个性包括他们具体的性格、能力和气质特点。这些特点不仅和管理者的自身素质有关，同时还与他们的人生经历比如求学、就职、家庭、事业等活动加以融合，最终发展形成。因此，管理者的个性表现为他们具体的活动特点，且每个管理者的个性都不同于他人。但同时，这种特点又能够在一定条件下改变，抑或体现出其中具有正面意义的一面。

其次，管理者在了解自己的个性后，还要正确看待员工的个性。这样才能在管理过程中使双方个性逐渐磨合、互补。利用自己的个性优势管理不同性格的员工。

杨经理是某品牌在华北地区的销售经理，对于下面员工的工作方式，他一般不会进行具体干涉。当然，这是建立在充分了解和引导的基础上的。

例如，杨经理手下有两个不同区域的销售组长，他们的性格完全相反。

组长老徐是部队出身，他非常喜欢军队的管理方式，喜欢按照军队的文化来打造销售团队。因此，老徐最喜欢强调速度、执行力、共同意志、团队协作等，他的团队也尤其注意挑选人才和招聘员工，有着很高的工作效率。

另一位组长小常则和老徐完全不同，他是个典型的80后，经常连续一周看不见人，却又经常带着团队加班到深夜，同时，小常没事就带着自己的手下去吃饭、泡吧、唱歌、喝酒，很少正经严肃地“教训”他们，却偏偏带出了同样高效率的团队。

其实，杨经理手下有过不同的销售组长。有的组长循规蹈矩，按照正常时间工作，组长和组员之间界限分明，大家一丝不苟严肃地完成工作；有的组长虽然有时候也要求组员加班，但对组员轮流地休假也很重视；还有的组长经常带着员工和客户进行联谊，社交场合下让员工感受集体欢乐的氛围……之所以有这么多的不同，是因为杨经理很少去具体干涉组长的管理方式。按照杨经理的看法，管理者就像篮球运动员，只要他们不违反篮球运动规则、能够做到为共同目标合作，那么，就让他们按照各自的性格、能力和气质进行自由发挥吧。只要能将球投进篮筐，不应该具体计较他们究竟是表演型的运动员，还是努力型的运动员，或者是自我型的运动员。

其实，杨经理之所以如此擅长了解、开发和利用其下属和员工的个性，主要源于对管理心理学中个人性格构成因素的具体把握。

首先是管理者的个人气质。气质，是每个管理者的心理特征，意思就是个人活动中表现出的心理过程的强度、速度、稳定程度和具体指向等特点，这些特点表现出了他们的行动动力方向。

值得注意的是，气质类型本身是没有好坏区分的。对于管理者来说，气质类型有多种分类方法，但是每种气质类型都有自身的特点，而不应该用好坏评价。不同的气质都有可能对管理产生良好的效果。具体来说，气质可能影响一个人的管理工作效率。比如，销售团队的管理职位，经常需要胆汁质或者多血质特点的人，因为这个团队可能更需要反应灵敏果断、有勇气胆略的人。而一些技术团队的管理职位，则可能需要黏液质或者抑郁质气质的管理人才，因为这样的职位往往需要稳重细微的人。另外，气质的不同，也会影响人和人之间的互动，进而影响具体的管理行为。比如，对于那些胆汁质、多血质的员工，严厉一点的批评有可能让他们更加清醒地认识到自身的问题；而对于抑郁质的员工，则应该用较为私密的管理行为进行影响，因为这类员工往往自尊心更强、更加敏感，管理者的一两句话，甚至只是眼神和行动就能让他们有所察觉。

其次是管理者的个人性格。性格，是指管理者在管理工作中表现出的比较稳定的心理特征。这些心理特征既会反映在人们的行动取向上，也会反映在他们的具体态度上。

比如，不同管理者在完成同样一项工作时，其具体的管理行动，可以表现出其性格是直爽还是谨慎，是充满工作热情还是理性应对。可以说，管理者的性格有着相当的复杂性、独特性和整体性，并能够长期持续。正因为如此，管理者才会具备多种多样的侧面特征，并在其身上形成有机整体。管理心理学的研究，正是为了让更多管理者能够意识到性格对于管理行为的影响，意识到自身性格的作用。

最后是管理者的能力。能力是与管理者如何完成正常管理活动相关的心理特征，也表现为管理者如何从事具体活动的本领。能力可以分为智力、性向和成就三大方面。

其中，智力，是指个人的具体工作能力；性向，则是指管理者可以发展提升的潜在能力；而成就，则是指管理者通过具体的教育培训、工作学习而在管理知识、管理技能和经验方面达到的较高水平。

影响管理者能力的因素很多，不仅包括生理天赋上的素质，同时也和知识水平、工作技能、教育程度、工作实践等有所关联。因此，管理者的能力发展必然存在差异，比如，能力发展水平的差异、能力类型的差异或者是能力展现出来早晚的差异。管理者既要认识到这样的差异，更要找到解决差异的办法，并在工作中有目的地改变。

管理者的个性心理，是管理心理学的基本内容，也是管理者自身提高的基础方法。归根结底，只有当管理者开始意识到管理水平的提高既是具体的工作问题，也是个人的性格问题时，才会找到如何让自己逐渐完善的过程。可以说，这将是管理者利用心理学和管理学寻求成功和辉煌的第一步。

管理者在群体中的心理（沟通、冲突）

毋庸置疑，管理心理学是能够将管理学和心理学进行充分结合的科学。随着经济的不断发展，企业组织在不断扩大其生产能力的同时，也更加注重组织内部管理能力的提升。但是，管理能力并非只是通过提高和改善硬件条件就能提升的，随着管理水平的不断提高，管理者对组织人员的控制和影响，同他们在心理上的认识和发展也有直接联系。因此在管理过程中，管理者和其所处群体之间的互动显得尤其重要。

电影《少年派的奇幻漂流》(Life of Pi)，足以让管理者看出处理自身和群体之间互动的心理认知的重要性。

这部电影中的主人公派，其名字起源于圆周率（π），而圆周率本身是无法用数字完全表达的，正如无法用科学来完整地描述这个世界、描述管理过程一样。但是，派又能让我们看到一个圆的形状，体现出人的一生中周而复始的循环形态，展现出漂流和回归之间的不同和联系。

在电影情节中，派遭遇了奇幻般的经历，获得了与众不同的感知。这些经历也正如管理者所经历的那样，充满了沟通和冲突。从这部电影中，管理者获得的不仅仅是具体面对问题的方法和态度，也更能够明白当他们因为管理过程中的坎坷而产生迷茫时，要尝试去听听内心的声音，并追随自己的心声，从而在各种各样复杂艰险的管理现实中，寻找到和周围环境进行积极沟通、解决冲突的途径。

电影向观众展现的，是两个截然不同的故事。

第一个故事充满漏洞，但令人感觉美好。船员们在船发生故障即将沉没时登上了救生艇，而老虎和其他动物则在最后时刻于紧闭的笼子中跑了出来，救生艇上的生存手册居然教会了派如何与猛兽相处，而派赖以生存的食物是漂浮在水面上的香蕉。最终，他通过和老虎的沟通，化解了与环境之间存在的冲突，等等。

第二个故事则显得合情合理。实际上，船员们全都留在救生艇上，动物则全部被留在笼子中淹死了，派的母亲带着香蕉游上了救生艇，在救生艇上被厨师杀害，后来，派内心的"老虎"让他杀掉了厨师报仇。在这个故事中，派并没有进行任何有效的沟通，任由冲突将船上的生命夺走。

影片的末尾，主人公向记者问道："你更喜欢哪个故事？"实际上，这也是在向所有观众发问。显然，在管理者看来，第一个故事不仅更加有趣，而且更加富有指导意义。虽然在影片中，显然是通过有意的设置，让观众明白第一个故事是美丽的虚构，第二个故事才是真实的残忍。但管理者有义务也有责任，通过自身的努力，驯服管理过程中的那只"老虎"，不论它是你的一部分，还是你管理对象的一部分。

整部电影给我们的启发是，派从小是一个有着混合信仰（三种宗教）的人，他信奉神灵，甚至主动去喂老虎。这时孩子的父亲认识到应该主动去帮助他认清现实，这犹如管理者去主动认识自己的管理任务一样。但从那时起，派的精神世界开始产生分歧和冲突，无法辨别哪一个才是真实的自己：是爱老虎的那个，还是害怕老虎的那个。

但在遇到现实危险，尤其是厨师杀死他母亲的时候，派的现实感击溃其感性的一面，他杀死了厨师报仇，也就是其内心现实而理性的一面占了上风。但他接下来幻想和老虎的相处、对老虎的驯服则又表明其内心中感性的一面，信仰的宗教重新发挥作用，并一直帮助他获救。

可以说，正是理性和感性的结合，帮助派离开了所有的灾难——包括幻想中登上的那个食人岛——解决了所有的冲突，形成了和环境的成功沟通，实现了其对自我和对外界管理手段的超脱。

回到管理心理学原本的研究范围来看，沟通和冲突，是这门学科重要的技术性问题，也是管理心理学研究范围中的重要部分。在群体沟通过程中，管理者和周围环境之间，必须存在感性和理性共同起作用的活动过程，正是在这样的过程中，管理者和周围的成员交流思想感情，交换具体的信息，传递相互的立场，解决不可避免的冲突，最终共享收益，而在此过程中，解决冲突的过程又是最重要的。

冲突，实际上并不像其字面意义上那样充满威胁。作为管理心理学研究的对象之一，冲突是发生在组织关系中的正常行为。当管理者和被管理者在目标、期望等心理层面发生分歧时，就会出现这样的行为。

一般来说，冲突可以表现为以下五个阶段：

第一阶段，因不统一而形成的潜在对立阶段。在这种情况下，双方的意见无法获得一致，而沟通也无法有效进行，这时，管理结构出现不合理情况，加上管理者和被管理者之间、被管理者相互之间、管理者之间的价值观、思考方式不同，都导致了冲突形式的产生。

第二阶段，认知和感情的投入。在这个阶段中，管理者通过调整自身心理，采取了有效措施来凸显冲突，这样，冲突就正式形成。在这个阶段中，冲突的构成者和参与者都有了感性上的变化，并体现成为情绪上的波动，如紧张感、挫折感乃至敌对情绪等。

第三阶段，管理者和周围环境产生的行为意向。当冲突正式呈现，并被管理者和周围环境认知以后，必须要通过沟通来加以解决。伴随沟通过程，还会产生竞争、协作、妥协、回避、平衡等多种形式的方法。

第四阶段，冲突行为的爆发阶段。即如果沟通没有起到作用，双方的分歧会进一步加大，当上升到一定阶段，就会导致具体冲突行为的发生。只要是冲突行为，就会表现出不同的破坏力，并对整个组织、管理者个人产生不同的影响，对管理者的心理也会有一定的冲击。

第五阶段，冲突的消失阶段。在管理手段介入之后，冲突最终会以不同形式被平息，而根据冲突破坏程度的不同，管理者采取的心态和具体措施也会不同。最终，会直接影响到整个组织的管理。因此，这个阶段也是管理者用来总结经验、改善心态的关键时期，通过这个阶段的有效反省和操作，能够找到办法，应对可能再次发生的冲突，或者将冲突约束在一定范围内。

当然，冲突并非全是坏事。不少管理学家都试图从心理学研究的过程中寻找如何在适当的情况下激发冲突，从而避免冲突行为的破坏，甚至带来冲突结果的良性变化。管理者同样应该从心理学层面，找到合适时间、合适阶段，以符合管理心理学特点的方式来激发冲突发生。

比如，突出团队成员之间的利益关系，制定绩效管理制度，并从心理层面激发员工的竞争积极性；采取具有威胁性或者具有暗示性的说法，提高团队内部利益冲突双方的分歧水平；有意识地在团队中引入新人，触及原有员工的心理防线，刺激他们的积极性和创造性，带来不同的工作风格，从而活跃团队气氛；采取变革手段来调整组织结构、明确关系，从心理上使得团队成员安全感不足，进而加强相互竞争，等等。

但是不论怎样激发冲突或处理冲突，管理者必须要学会在合适的时间、合适的场合、合适的心理层面上进行，同时需要了解作为手段的沟通的重要性。

可以说，沟通是管理者的基本能力，也是管理心理学重点研究的范畴。通过有效的沟通，管理者可以利用一些实用的技巧，改善冲突的产生过程和影响结果。而在沟通的过程中，管理者需要避免那些常见的误区，如自以为是、经验主义、主观偏见等，从而保证能够正确地理解他人，并避免在心理上出现问题。

另外，管理者在实际沟通过程中，只有保持正确平衡的心态，才能避免轻易下结论，从而做到听懂对方的完整意思表达，接受完整信息，排除固有思维，作出正确的论断。

实际上，从心理学上来看，沟通和交流有着不可分割的联系。一方面，沟通本身是交流的一种形式，而冲突也是交流的一种形式。在组织活动中，管理者必须要通过沟通将自己的信息传递给下属，将团队的情感加以凝聚，保证团队建设获得健康发展，并通过不同形式和方法，将人与人之间的隔膜消除、意见统一，最终明确共同的目标并加以实现。而冲突也是交流的一种，可以说，没有冲突，就无法确立正确意见、正确心理，因此，只有在不断的冲突过程中，才能促进沟通意义的实现。

另一方面，当管理者的心理能力和实际工作能力在沟通的影响下不断提升的同时，人和人之间的交流也就产生了如竞争、合作、比较、让步、妥协等不同的心理因素。因此，一个良好的组织管理者，也必然是沟通能力强、心理素质好的人，是一个能够懂得如何处理内心冲突和外界冲突的人，是能够不断抓住团队心理，将冲突转化成为合作的人。

管理者在团队中的心理是需要加以重视的，正因为如此，我们更需要看重管理者应对沟通和冲突能力的形成和锻炼，并以此来引导团队的心理健康发展。

管理者自身的领导心理（特质理论和权变理论）

作为管理者，他们对自身心理层面的关注，不仅应当涉及本身心理特点的层面，也需要关注他们作为领导的独特心理层面。

在这个层面上，管理者最需要了解的是特质理论和权变理论。

特质理论，是现代西方人格构成理论中的一部分。在这个理论中，将人格分成许多不同的特质要素。人格的最小单位就是特质，而特质也成为激发和指导个体不同反应的心理结构，这种心理结构是稳定且难以变化的。

人格特质理论，由心理学家奥尔波特在1937年首次提出，将人格特质分成了共性和个性两类。其中，共性特质，是在某个社会形态的共同文化下所形成的共同特质，这种特质成为大多数人或者群体所具有的共同特点。比如，北欧人的理性严谨、南欧人的热情活泼等。而个性特质，则是指个体身上所具备的特质，一般分为三种：首要特质、中心特质和次要特质。其中，首要特质，是个体最典型和最具备概括性的特质，比如，在《红楼梦》中，林黛玉的首要特质就是多愁善感。而中心特质，则是构成个体独特性的重要特质，在个体身上大约具备数种以上，比如，林黛玉的中心特质包括清高、聪慧、率直、内向、孤僻、抑郁和敏感等。另外，次要特质则是个体身上不太重要的特质，往往只有在相对特殊的情况下才会表现出来。

特质对于一个人的影响，或许迅速表现在一些重要事情上，但往往会表现在貌似并不重要的细节上，从而影响到一个人的具体形象以及他周边的环境事物。

权变理论，“权变”一词有“随具体情境而变”或“依具体情况而定”的意思。而管理者的权变理论则是指与管理者自身行为有关的情境因素对管理效力的潜在影响。权变理论认为，情境不同，不同的管理行为就会有不同的效果。所以，管理者应根据企业所处的内外条件随机应变进行管理。

在电视剧《甄嬛传》中，作者和导演共同为观众塑造了鲜活而立体的主角甄嬛。在这个人物身上，既有时代背景、阶层特点所赋予的共性特质，同时也具备自身的个体特质，首要特质就是其聪明和具有野心，而中心特质还包括她本性善良、行动内敛、爱恨分明等。正因为她具备了这样的特质，才能进一步获得优秀的领导特质——而很多情况下，其领导特质也是从个性特质发展而来的。

比如，甄嬛能从普通的“常在”宫女成为一朝太后，除了依靠自身的美色、才能和手腕，更重要的是她善于发自内心地去关心下属，从而得到下属的拥戴，有了一帮愿意为她冲锋陷阵的下属，进而帮助她成为更好的管理者，取得更好的业绩。例如，太监小允子在守夜时哭泣，甄嬛感到奇怪，遂问明情况，便主动让小允子回家去照顾他生病的哥哥，临走前还不忘关照丫鬟换一床厚棉被给他，不要因为夜晚走廊寒冷而着凉感冒。这几句话，让从未得到过这种关心的下属热泪盈眶，这无疑为今后的管理打下了良好的基础。

实际上，甄嬛的举动并非有意为之，因为有意的关心，给员工带来的往往不是感动，而是因做作而产生的厌烦。只有当管理者具备了自身个性上的特质，才能获得这种人性化管理的特质。在这种管理方式下，下属会因为管理者真诚的关心，而产生一种真正的感动，愿意跟随管理者也就不足为奇了。

观察历史上那些成功的管理者，他们大都具有个性上的优秀特质，并因为这些特质而打动员工、客户或者同事，从而营造出良好的管理环境。因此，领导的特质理论，主要是就领导者如何走向优秀和成功所进行的研究，其主要研究对象是领导心理中的内在品质，以及这些品质和领导涉及相关工作行为、领导绩效方面的关系。

一般来说，成功领导者的主要特质包括：智力水平、自信心、决心、正直程度和社交能力。对这些特质的研究，成为领导心理学研究的主要部分。当领导特质心理学发展到20世纪早期时，这个理论甚至被称为“伟人”理论。

但是，当发展到20世纪中期以后，领导的特质理论面临着重要挑战。当时大量的研究得出的结论证明：虽然某些人格特质的确能够帮助领导者获得更大成功，但是，并没有任何一种特质可以带来管理和领导完全成功的保证。因此，人们逐渐认识到，领导心理特征并非完全可以通过量化而明确地来定义个人应具备的特质，而是与整个社会情境中的个人关系有关。因此，对领导特质的研究，应该和情境联系起来看。

在这样的认识基础上，关于领导心理的权变理论得到了广泛的认可。

管理者的人格管理（自尊心与价值观）

人格，是表征人的现实状况和精神属性的范畴，它体现为个体在社会生活中的地位和作用，因此具有个体性和社会性相结合的特点。

人格和道德有密切联系。在心理学上，所谓的道德人格，就是指人怎样看待道德的规定性。这个概念既可以看作一个人作为人的尊严、价值和品格等方面的综合，也可以看作人在社会或者组织中地位和作用所形成的统一。

狭义上，人格可以指一个人的道德品质，是个人价值和品格的综合。这种人格体现出个人是如何看待一定的社会道德原则和道德规范的，表现为一个人的思想和其系列行为中所表现出的较为稳定的、一贯的特征、态度和倾向性。根据这些因素，人们可以确认和判断其人格的优劣高下。

而广义上，人格可以看作一个人作为人的资格，正是人格这种衡量标准，体现出了人的尊严和价值。可以说，只要是人，不论其具体的差别——包括财富、相貌、背景、经历、地位等，都是平等的，都有作为人的权利和义务。

在管理心理学中，对人格的认识涉及两个不同的层面：首先是管理活动中的人，包括管理者和被管理者。他们是管理活动中的利益相关者，而对人格的管理会产生这些人所具有的道德品格的总体价值。其次是管理组织的人格。管理组织是一个团体，是一种社会组织，具有自身所特有的道德伦理、道德责任和道德目标，并拥有其特有的道德行为，这些方面都同具体的管理者个人人格有着密切的联系。因此，管理者本人的人格管理水平，也会影响到他们对于组织人格的打造水平。

好莱坞电影并不是仅有充斥着俊男美女的商业电影，其中也有发人深省的管理学参考影片。在电影《卡特教练》(Coach Carter)中，我们就看到一位虽然颇具争议，但却具有高尚人格的角色——卡特教练。由萨缪尔·杰克逊扮演的卡特教练，在担任一支鱼腩篮球队的教练之后，将这支球队打造成了常胜之师。正是在其人格影响下的管理行为，让队员们走上了正确的道路，并取得了优秀的管理业绩。

这部电影是根据加利福尼亚瑞奇蒙高中篮球队教练肯·卡特的真实故事改编而成的。在电影中，篮球教练肯·卡特在1999年1月4日作出这样一个决定：暂时关闭篮球训练馆，所有队员必须到图书馆集中去参加功课复习，直到他们的学分达标，才能恢复训练。在锦标赛即将开始的紧迫关头，谁都无法想象卡特会作出这样的决定。因为整座城市都在关注该校的球队，而跟随卡特学习篮球的45个孩子也都承载着家长的希望——这些家庭并不在乎孩子的学习成绩，而把篮球看作他们走向成功的唯一方式。结果，这样的决定首先引发了他们家庭的不满。同样，校方领导也强硬地反对这个决定，乃至社会各界都对此议论纷纷。

在这样的压力下，卡特拒绝屈服，他认为，自己是在履行管理者应有的价值观，也是在打造和维护管理者的尊严。因为在他走上训练场之前，卡特就和所有队员签订了一份协议，要求他们每个人都要在球场上和课堂上同样努力，并同样出色。这是因为，在卡特的价值观中，文化课和篮球对于一个高中生来说同样重要，都能为他们创造一个更加广阔的未来。因此，卡特这么做，是想用自身的价值观和自尊心来告诉孩子们，学校的全面教育是他们正确的人生目标，而不仅仅是篮球比赛。最终，卡特教练的管理方法，让孩子们取得了良好的学习成绩，球队也获得了更好的比赛成绩。

这部电影很好地诠释了管理者如何管理自身的人格。要想在团队中进行切实的管理，他们首先要树立自身的权威，这就需要从自尊心和价值观两方面入手。卡特教练先向队员强调自己的专业性，强调自己以前的比赛成绩、拦截、快攻和投球等数据都是破纪录的，也有着多年的执教经验和履历，这就很好地体现了管理者的自尊心。然后，卡特教练的价值观是全面和科学的，通过签署一份协议，他要求每个成员都要取得一定的文化课成绩、不准逃课缺课、不准参训迟到等。正是这种稳定全面的价值观，对整个团队产生了良好的影响。

卡特教练之所以能成为这样的传奇电影主角，并非因为他取得了多么良好的业绩，而是因为他的选择表现出了管理者的高尚道德品质对管理过程产生的影响。

道德品质较好的管理者，能够通过自我完善，纠正性格特征中那些并不适合管理环境的部分，或者至少做到抑制。然而，道德品质不佳、自我人格管理不佳的管理者，由于经常以自我为中心，因此对性格上的提升缺乏必要的自我注重，从而导致管理过程中不断产生缺点和破绽，最终影响整个团队的成长。

其实，管理者人格的自我完善，首先应该从其道德修养成长上做起。管理者应该通过下面的方法来进行积极的自我人格完善，包括:努力学习、磨砺意志、树立自信、积极思考、拓展潜力、敢于反思、勇于协调，等等。通过这些方法，能够保证管理者对人格的自我管理手段更加丰富、提高更快。

具体来说，管理者需要重点进行管理的人格包括价值观和自尊心两大方面。其中，自尊心包括责任意识、进取精神、求实品德和清廉品格等，而价值观包括服务观念、诚信操守、平等态度等。而这些因素所受到的共同影响因素，则来自于管理者个人的道德品质。

在自尊心方面，管理者首先应该对自身的立场和能力有必要的自尊心，这种自尊心关联到他如何看待自己的工作岗位和工作能力。缺乏自尊心的管理者，必然会缺乏应有的信心。这种管理者往往看起来缺乏主见、相对懦弱，而显得缺乏管理资格。而维持自尊心的方法，虽然因人而异，但却有共同的实践基础，即表现出对工作的尊重、对管理对象的尊重。例如，高明的管理者都十分尊重自己的同级，因为彼此之间的关系融洽，才能做到互相信任、平等合作，只有当管理者表现出对他人的尊重，才会得到对方的尊重；另外，尊重自己的员工，才能表现出管理者对自身的尊重，这是因为上下级之间的相互尊重是一种相当强大的精神动力，能够提高企业员工之间的和谐气氛，有助于管理者所管辖的团队精神和凝聚力的形成，帮助管理者在日渐激烈的市场竞争中立于不败之地。反之，如果管理者对员工的感受并不重视，也不尊重员工，这不仅会打击员工的工作积极性，更会导致管理者个人自尊心水平的下降，形成恶性循环，难以达成管理效果。

另一方面，管理者除了对自尊心的重视之外，还应该经常反思自身的价值观，并加以全面的改变和提升。所谓价值观，是指一个人对周围客观事物即人、事、物的意义和重要性所进行的总体评价和总体看法。正因为如此，价值观代表了管理者内心一系列的基本信念，包括从管理者个人或团队角度来看，某种具体管理行为的类型和状态，同相反的行为类型和状态进行对比后的结果。而这些结果在管理者内心的主次、轻重的排列顺序，以及其整体的次序，决定了管理者行为的心理基础，并同整体管理效果有不可分割的关系。

管理者的价值观具备以下特点：首先，其价值观是因人而异的，是根据管理者自身的先天条件和后天工作环境的不同而受到不同影响，并形成的不同体系；其次，管理者的价值观是相对稳定的，越是工作时间久、工作经验深的管理者，其价值观越是难以动摇；最后，价值观还受到管理者道德品质的影响，反过来，也会影响其个体和部下的行为。

不论是自尊心还是价值观，最终都会形成管理者的人格特点，并改变其管理方法、过程和结果，因此加强对自尊心和价值观的重视并加强管理，是管理者需要经常加以自我关注的重要领域，也是管理者之所以不同于其他人的重要特点。

管理者的自我认知（社会知觉）

在心理学中，存在着“认知”这样一个重要的概念。而想要了解什么是认知，要从每个人承担的角色谈起。每个人在世界上都会扮演自己的角色，这些角色包括人生中的角色，也包括事业上的角色，而根据角色的具体特点可进行更多的细分。如何看待自己的角色，考验着每个人的心理层面。同样，如何看待自己的管理角色，也决定着管理者自我认知的程度，影响着他们能力发挥的程度。

管理者在了解应该如何看待自己的角色之前，他们应该了解员工对什么样的管理者更加无法接受，从而避免成为那样的角色。

让员工讨厌的管理者角色有如下几种：

第一种，靠个人业务能力工作的上司。这种管理者往往在部门中有着很高权威，而他们的薪酬收入也往往是最高的，令其部门员工心服口服而毫无怨言。然而，并非所有员工都喜欢这样的强势管理角色，这是因为，在这样的管理者手下工作，基本上意味着员工自己无法获得充分表现和锻炼的机会，他们甚至不需要动脑子，因为管理者已经将所有需要投入思考的事情搞定，而员工只需要成为他的棋子按部就班操作就行了。显然，这样的管理者没有看清楚其应有的角色。

第二种，和稀泥式的管理者。他们往往能力平庸，而又不愿意得罪任何员工。因此，他们对公司或者部门中的下属，通常都进行轮流坐庄形式的奖励，在工作机会上也进行这种轮流上阵的方案。因此，起码在表面上，整个团队维持着基本的和气，也不一定会出现怎样的错误。然而，这样的代价是团队无法提升效率，也无法充分发挥员工的工作潜力。更重要的是，这样的管理者常常是最容易被取代的。很显然，他们只将自己看成一个看守者，而忘记了自己的管理角色。

第三种，自视甚高型的管理者。他们虽然可能有一些工作经验、一些工作技术特长，但是，他们过高的自尊心，让他们经常会故作高傲姿态，让所有人明显感到他们的自以为是。实际上，这样的傲慢，更多地来源于管理者对自己的角色认识不清，他们并不清楚如何利用准确的自我角色定位来指导下属，最终只能采用傲慢来强行管理下属。

第四种，过于关心下属的管理者。这类管理者将自己的角色看作员工的保姆，总是会主动帮助员工，一开始，这样的行为会让员工感到相当感动。但时间一长，员工会因产生依赖感而导致工作能力停滞不前、业绩持续下降，甚至会导致团队内部的分裂。实际上，管理者对下属付出的太多，也绝非是正确的角色定位。

第五种，只问结果的管理者。这种管理者角色定位的错误主要体现在其只看结果，不问过程的管理风格上。很多情况下，员工想要与管理者具体沟通问题甚至要排队等上好几天，而这些管理者经常不知踪影，令员工在出现问题时无所适从，难以得到来自管理者的支持和鼓励，也无法分享具体的信息和资源。

总结上面这些角色定位的错误，我们能看到管理者自我认知的重要性。

实际上，认识自我是管理者寻求自身发展的永恒主题，管理者首先应该做能够正确认识自我的人，然后成为正确管理自我的人，最后才能做好下属的管理者。

在管理者认识自我的过程中，尤其应该注意交互作用分析理论，从而对自己做到全面和正确的认识。该理论于20世纪60年代初，由美国精神分析心理学家艾瑞克·伯恩提出。该理论相当经典，是管理者对自己加以认识和修炼的有效工具。在该理论体系中，管理者可以用图示来表现管理发出者和接受者之间的交互作用模式，这种模式主要体现在心态的相互影响上。

举例来说，如果管理者对下属的沟通就像家长对孩子那样，那么下属很可能按照孩子对家长的模式进行回答。比如，管理者将自己的角色定位为家长，说道："小张，那份报告不用打了，先去把会场布置好。"那么，员工很容易在内心给出这样的回答：我不想去，因为我感觉报告很重要，但是，你既然是老大，那么我就去布置会场。

这说明，当管理者错误定位自身角色，并发出错误的指示、命令或者进行错误角度的评估时，由于交互作用模式的运作，他们得到的人际和群体管理效果也会明显降低。这是因为，交互作用让管理者和下属的沟通被堵塞，而无法得到令人满意的结果。其实，前面所列举的那五种"最讨厌的上司"，也大多是因为错误定位自身，从而导致了错误的交互关系。

想要避免出现这样的错误，管理者应该学会正确评价自身的角色。

具体来看，当管理者用下属角色来衡量自身时，应该学会用职责履行者、代理者、执行者、学习者和报告者等标准来看待自己。

而当管理者用同事角色来衡量自身时，则应该将自己看成企业团队中的内部服务者，而将同事或者其他部门看作内部客户，应该积极了解这些内部客户的需求，保证他们的满意，同时，也能向内部客户的角色积极转换。在这样的过程中，管理者需要将对同事关系固有的理解进行深化，改变自己习惯于管人或者被管的角色，并懂得尊重和重视同事的角色。

当管理者以上级的角度来自我定位时，管理者应该看到，自己既是领导者和决策者，也是授权者和控制者，同时还是监督者和培训者。另外，在必要情况下，管理者还是信息的沟通者、变革的推动者、工作的协调者和事物的联络者。

总体来说，管理者如何认知自我，体现了他们在心理层面上的社会知觉，只有当这种社会知觉符合管理工作的利益和需求时，管理者才能从中得到应有的收益。

第二章
带着管理心理学定律从心出发

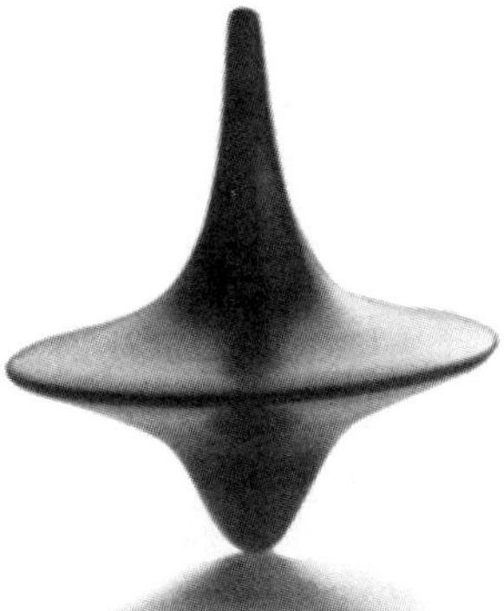

天才管理者就能带领企业走向成功吗（卢维斯心理学定律）

被誉为“现代管理学之父”的彼得·德鲁克曾说过：“天才来管理的企业，很难长久生存。相反，由普通管理者主导的领导团队，才能确保企业中的大集体井然有序地生存。”

对此，很多人感到不解。因为通常情况下，企业都盼望天才管理者的加入，以为这样就能给企业带来颠覆性的变化，指引企业走向成功。如人们所说，羊群的首领若是狮子，一定可以战胜由一只羊领导的狮群。但反过来这里为何要指责雄狮领导呢？其实上述并非两个对立的观点。彼得·德鲁克更强调，企业中的天才管理者会限制或压制团队其他成员的发展。后者更多是在强调团队作战的凝聚力。对此，一位声名显赫的心理学大师卢维斯提出了用其名字命名的“卢维斯心理学定律”。

卢维斯定律认为：天才管理者在为团队带来帮助的同时，会随之给其他成员带来极大的负面心理影响。而普通的成功管理者，通常是有一定才华，同时又能恰到好处地有所收敛，最终带领团队一起迈向成功之门。

苹果公司已故“帮主”乔布斯，之所以能率领苹果公司取得今天的成就，一方面和乔布斯本身的创造力和创新力是分不开的，另一方面，与他的领导权分离政策亦有着密切联系，这点在乔布斯早期担任公司高层的时候就深有体会。那时，无论何事乔布斯都必须按自己的逻辑进行，他没有意识到这是对其他员工的一种伤害，直到后来他改变了这种看法，获得双赢。

那是1985年，乔布斯和自己一手创办的公司开始显现出种种对立的迹象。尽管在过去的岁月里，他率领公司取得了傲人的成就，但从某种意义而言，这种举世瞩目的成就也让乔布斯变得更加狂妄。员工的建议变成了他心中的无名火，旁人的叮嘱变成了他的耳旁风。渐渐地，公司董事会的领导们开始不太相信这个我行我素、狂妄自大的天才领导者了。

于是在这样的背景下，乔布斯被迫“出走”。与其说是“被迫”，不如说是他走不出自己的心理之墙。

看着这家公司建立、成长，就像自己亲手带大的孩子一样，到头来却被驱逐。这种切肤之痛是乔布斯难以接受的。

他有些不明白，开始了漫长的自我反省。

直到1996年底，乔布斯带着全新的改变回到了苹果公司。

首先，由“唯我独尊”变成“集体会议”。这就是开篇提到的领导权分离政策。尽管大事还是由乔布斯一手决定，但他明显开始侧重增加集体会议。他不再一个人陷入沉思的世界，而是更注重身边人的内心感受和想法，和员工一起探讨。

其次，找“代理人”。乔布斯不再攥着所有事不放。尤其是当他第一次发现身体健康状况异常时，立刻找到了合适的“代理人”。若是从前，他一定会宁愿自己带病出征，也不愿让别人替他打仗。

最后，培养第二个“天才”。到了2003年，乔布斯被确诊为胰脏癌。他立刻开始培养接班人蒂姆·库克。为了确保公司在没有他时依然能正常运转，当时他还挖掘并培养了另一名“天才”，只不过最后库克的表现更令他满意。

正因为如此，苹果公司在乔帮主离世后依然可以正常运作。起初，很多所谓的分析师、专家纷纷称，假如有一天苹果公司失去了乔布斯这位伟大的天才，必然会面临崩盘危险。然而，事实打破了这种臆断。随后发布的 iphone5 虽然备受质疑，但并未因乔布斯离世而销量有重大滑坡。

大部分苹果企业高层认为，这样的结果与蒂姆·库克，更与乔布斯早期的安排是分不开的。

不难发现，乔布斯一开始过于强势的表现不仅惹人非议，还破坏了公司建设的稳定性。尽管他是业界天才，却也被董事会抛弃。直到重新回归时，他转变了心态，开始学会与人分享经验、谈论话题。从专业的角度来看，此时的他是一种“引导者”的态度，而非狂妄的“天才”。犹如《乔布斯传》中总结的一样：“乔布斯第一次在苹果的时候，将自己看成一个举世无双的天才；在‘二进宫’的时候，这种轻狂少了许多，他将自己摆放到了一个平凡人的角度上。这样一来，整个公司也因此受益颇多。”

为何平凡的管理者反而比天才管理者更能完美地管理呢？当然，这其中包括许多心理学因素。就像卢维斯定律的观点一样，一个人如果把自己想象成天才，往往就容易把别人想象成“蠢材”。

强势的天才管理者通常会把自己当成“太阳”，而把身边的人当成围绕自己转的“小行星”。正是这样一种心理，一来让管理者低估了他人的水平，二来打击了他人的信心。在一个处处强势的管理者身边工作，很多员工都会表现得唯唯诺诺，不知不觉地对他的顶头上司产生依赖感，失去了对自己的信心。

企业中，大部分员工都是普通人，强者的羽翼往往阻碍了平凡者的飞翔。

从另外一个角度而言，过于自信的天才管理者不但打击了他人，也削弱了自己的力量。一个人的眼光有限，总有看不到的地方，如果把自己看得过于完美，就会低估了身边人的才华——库克说这是他从乔布斯身上学到的宝贵经验，也是所有管理者应该吸取的教训。

所以，并非天才管理者就能带领企业走向成功。尤其是在大型企业成规模的集体、团队中，天赋惊人的管理者往往会无限放大自己的潜力，无意识地轻视、贬低团队成员的实力。这也是卢维斯定律教会我们的道理。如果企业中存在这种现象，必须要在第一时间纠正、劝谏。最终登上成功之巅的管理者，大多是克服这一心理的人，就像当年以全新的姿态，再次回到苹果公司的乔布斯一样。

最好的员工也得了健忘症吗（波特定律）

不少管理者可能都产生过这样的烦恼：对于工作中的问题，自己面对整个团队重复了许多遍，但看起来，即使是最好的员工似乎也总是难以记得。在实际操作的过程中，他们继续按照原有的方法进行，导致重复发生错误。

实际上，这种现象不断发生，并非是因为员工们天生都缺乏必要的记忆力，而是具有一定的心理学依据的。

这种心理学依据就是著名的波特定律。美国行为学家奈曼·波特最先提出了这个定律，其内容可以表述为，当任何一个人在遭受到大量批评之后，他就只能记住最开头的那部分了。这是因为当他听完这部分之后，他的所有时间和精力，都放在如何反驳这些最初的指责上。

按照波特定律来看待管理者的行为，我们会发现，管理者之所以说了许多费力却不讨好的话，是因为下属们在一开始听到批评之后就会钻牛角尖。因此，批评得过多并没有什么好处。

1999 年，一部影片吸引了许多关注公司危机、管理危机的观众，这部影片的中文名为《上班一条虫》(Office Space)。其故事梗概如下：

在 INITECH 公司工作的电脑工程师彼得，正处在 28 岁的“躁动危险期”。这时候的他觉得自己没有办法忍受那些琐碎重复而又让人昏昏欲睡的办公室生活；同时，彼得在生活上也有麻烦，因为他怀疑自己的女朋友已经另有所属了。

同样，彼得的伙伴麦克尔和塞米尔也有了麻烦，因为他们发现，自己在这家公司的工作远远不如他们的上司比尔所形容得那样有收获和有保障。

实际上，造成这些困扰的重要原因就是比尔的管理特征和习惯。电影中的这位比尔拥有一切老板所共有的特质：他年龄相当、喜欢掌控、文质彬彬、客气优雅，让整个公司从上到下都找不到任何理由来怀疑他的管理方式。

但是，比尔的管理实际上是失败的，他并没有建立任何科学的管理制度来掌控公司，相反，他完全凭个人喜好决定每个员工的前途，而他的批评又总是不断地针对那些“倒霉”的员工喷薄而出，在这样的批评下，即使是那些原本看起来优秀的员工，也逐渐变得缺乏生机、缺乏安全感，让整个团队都毫无动力。最终，所有员工都开始在浑浑噩噩的消磨中度过自己的工作时光。可想而知，这样的管理者，当然无法让其员工产生必要的忠诚、创造应有的价值，最终走向失败也无可避免。

这部影片当然是漫画式的，充满了讽刺意义。但是，其背后的管理心理学知识值得管理者反思。对于管理者来说，员工应该是企业资产的核心。一个具有优秀管理文化的企业，会因为获得了员工的忠诚度和凝聚力，进而激发他们的活力，帮助整个企业渡过难关、实现价值。反之，即便是企业管理者不断强调员工的错误，甚至因为他们的错误而进行裁员也无济于事，甚至员工很可能会出于对企业的报复而落井下石。因此，对于任何一个企业来说，一个时时刻刻在指出员工错误的“滴水不漏”的管理者，往往会因为波特效应而无法获得他想要的结果，相反，由于这种不断的指责，使得即使是最好的员工也无法记住要求，导致企业管理制度形同虚设，企业的管理文化不断下滑。最终，只能产生一个毫无忠诚感的团队，导致企业的失败。

针对这样的现象，波特教授提出的意见是：“作为管理者，你完全可以将重点建议和最为紧迫的批评放到会议的最开头。这样，批评效果往往是最佳的。另一种方式是，你可以将所有这些批评加以分解，而并非是一下子就提出来，因为这样做的后果，很可能是让后面提出的那些建议失去其应有的效能。”

然而，由于缺乏必要的心理学知识，很多时候，当员工犯了错误之后，管理者首先想到的就是对其进行严肃批评，有时甚至会让员工感到下不了台。在管理者看来，似乎只有这样做才能产生杀一儆百的作用，体现出公司管理制度的严肃，维护管理者个人的尊严。然而，正是因为过多地关注员工的错误、过于集中地强调这些错误——其实又并非是原则性错误——才会挫伤员工的积极性和创造性，并和管理者产生对抗情绪，导致管理上的失败。

因此，在具体的管理工作中，管理者应该学会规避波特效应，首先应该采取必要的宽容态度来对待下属的错误。虽然宽容并非是一味地夸奖下属，但是，管理者也应该学会改换角色，为下属着想，即使在批评的情况下，也不忘记去主动肯定部下的积极表现，从而对其士气予以提高、对其上进心进行有效激励，从而避免对下属自尊和自信的伤害。

管理者应该意识到，批评并不是目的，惩罚也不会必然带来改进。只有让员工在面对批评的时候有所收获，在接受惩罚的时候能够带着奋进的心情，才能达到良好的管理效果。这就需要管理者能够正确地运用批评的方法，将批评看作一门艺术，让批评积极有效。

对于不同个性的员工，管理者要学会运用不同的批评方法，切忌方法上的单一或者盲目地生搬硬套。这需要管理者对员工在心理特点上能够有具体的分辨。例如，对于那些自觉性较高的员工，管理者应该学会采用启发其自我批评的方法；对于那些比较敏感、自尊心较强的员工，管理者应该让批评显得比较迂回侧面；对于性格直爽、心理承受力较好的员工，可以采用直接批评的方法；对于出现的问题较大或者不容易自我约束的员工，则应该采用公开批评的方法；对于那些不愿意自我改正的员工，则应该进行警告性的批评方法。

正确的批评要求管理者能够做到细致周到、恰如其分。只有这样，才能避免因波特效应而误入管理歧途。

换座真的使人纠结不安吗（定位效应）

管理者应该学会注意生活中的细节，因为这些细节所体现出来的心理学效应，往往对管理者的工作有很好的提示和借鉴作用。

例如，在生活当中，许多人会对旧东西产生依赖心理。一件喜欢的衣服即使已经不合潮流，宁愿任其躺在橱子里面也不愿扔掉或送人；一辆旧车即使已经不需要再开动，但还是想放在车库里，而宁愿让新车停到其他地方去，等等。我们很少看到有人主动将自己使用过的大件物品抛弃或者卖掉，这也是同样的原因。

推而广之，甚至还有人对于自己刚刚接触到的物品、条件，也会迅速产生类似的依赖心理。比如，在“座位问题”中，许多人在第一次会议之后，都会将自己选择的位置理所当然看成自己的，并在之后的会议开始时，主动选择这个位置。

实际上，这些表现都同心理学上的另一个著名定律有着密切联系，那就是“定位效应”。

每个人都曾经有过对依赖的期待，而当他们获得这样的依赖后，就会逐渐在不断重复的工作或者生活中变得更加习惯于这样的定位。

某种程度上，著名影片《肖申克的救赎》（The Shawshank Redemption）就是讲述一个人怎样看待定位效应的故事。

被冤枉入狱的银行家安迪，从未真正让自己受制于定位效应，他通过

19年的持续努力，终于逃离了肖申克监狱，逃离了自己内心可能出现的定位。这部电影情节并不复杂，但却因为牵涉到定位效应的心理知识，从1994年流传至今，受到广泛好评。

然而，影片本身并没有告诉观众答案，因为在影片中，有的人习惯了自己在监狱中的定位效应，有的人则并没有习惯而是致力于改变。影片并不愿意直接去评价这些人所作出的不同选择，而是将矛头指向我们身边的“肖申克监狱”，这对于管理者来说也具有不凡的意义。

影片中的“肖申克监狱”，实际上完全可以看成管理者面对的一个相对封闭的环境。在这种环境中，有的人已经完全适应和依赖，改变对他们来说甚至是一种毁灭，而对于其中年轻而富有激情并能够坚持的员工来说，改变则是自身的一种升华和蜕变。

从这部电影中，管理者应该看出定位效应对于员工的重要影响，对于管理心理学的重要意义。

加州大学伯克利分校教授、心理学专家布鲁斯·拉泽尔·史密斯对定位效应进行过专门的研究。根据史密斯先生的研究，之所以会出现定位效应，是因为人们总是具备应有的自我保护心理，并伴随着这种心理而不断工作生活。在人们的潜意识当中，自己永远都处于一种不安的危机状态下，只有通过不断寻找自我保护，才能获得应有的安全感。正是在这样的心理因素驱动下，人们才会不断地为自己寻找必要的安全空间。

因此，关于在心理学中那个常被提到的“座位问题”，实际上并不只是一个组织问题，更是心理问题。管理者应该从中看到每个员工受危机意识的影响，这是因为人们通常都只会对自己所熟悉的地方产生依赖性，而当环境发生改变之后，人们的这种心理需求会更加强烈。

不妨让我们换位思考一下，具体看看那些参加会议的员工，当他们在选择座位时，之所以习惯于按照自己第一次会议选定的位子来就座，是因为他们有着潜在的自我保护意识。由于内心的本能反应，他们会对自己原先占据的“领地”进行自我内心也并不一定清楚的划分，如同自然界中的动物，会通过各种方法设定自己的区域，并驱逐那些从其他区域进入的侵略者一样。

管理者想要更充分了解定位效应，还应该了解发生这种效应的原因。

首先要了解先入为主的影响，也就是心理学中另一条重要的效应——首因效应。在这种效应下，对于不熟悉的认知对象进行第一次接触后，产生怎样的印象，大都会决定人们之后的认知。这种影响能够在人们的头脑中保留很长时间，如果没有其他特殊或重大刺激，这种印象会一直抵制后续刺激影响，从而使得第一印象稳固占据最主要的位置，不会轻易因为内力和外力改变。而定位效应，很大程度上是因为这种先入为主的作用。

其次，还是因为定位者主体拥有必要的心理要求，这种心理要求需要他们能够对自我的认知协调一致。在平常情况下，人们都需要认知上的协调，从而得到前后一致的印象。在这种动机下，人们会主动对自身的工作态度和工作行为进行必要的控制。比如，员工会在工作中不断保持同一种方式，从而确认之前使用这些工作方法的正确性和必然性，如果没有遇到其他更为有力量的动机因素，他们不会轻易变化这种“定位”。

当然，定位者自身的特点也是产生定位效应的重要因素。举例来说，如果会议座位有大有小、有高有矮，那么参加会议的员工可能一开始就会选择那些适合自己体型的座位，而不会随便加以选择。这说明，定位者的特质是产生定位效应的重要原因，管理者面对的员工经常会因为他们各自不同的思想因素、能力因素或者自信因素而去选择不同的依赖事物、方法、环境等。而管理者想要改变他们的定位，就要从他们自身的特性出发，为他们选择更好的“依赖”。

因此，在团队的具体管理中，管理者一旦发现自己的员工出现了“拉帮结派”的现象，不妨从心理学上考虑，他们是否受到了“定位效应”的影响。因为在很多情况下，一旦人追求安全的心理成为定势，那么，他们很容易出现缺乏原则、盲目服从小团队的现象。而归结其原因，很可能原本并不存在什么小团队，只不过来源于其中每个员工进行的自我保护。

另外，在为员工提供和设定岗位时，管理者也要给予相应的重视，在谋求团队的整体转型和定位时，也应该注重定位效应的影响，并进行积极的战略选择。

奖励得多就能让员工充满激情吗（德西效应）

德国汉堡附近的一个乡村别墅中，某企业的部门经理范·欧内斯特正在享受他的美好假期。然而，他发现，隔壁来度假的美国家庭的孩子经常来自己的花园门前嬉戏打闹，发出很大的吵闹声。一开始，欧内斯特觉得自己可以忍受，但一周后，他感到自己的休假就要被毁了。

不过，欧内斯特是一名握有心理学学历的管理者，他知道怎样利用心理学效应来解决这个麻烦。他找到几个孩子中年龄最大的男孩儿，给了他5欧元，和蔼地说："好孩子，你们美国孩子是最可爱的，这点钱给你们买东西吃，欢迎明天你们还到我家门口来玩。"

当然，这个男孩儿带着弟弟妹妹高兴地拿着钱去买了零食。第二天，欧内斯特如法炮制，继续提供了5欧元的"赞助经费"。第三天，欧内斯特只给了他们3欧元，孩子们感到有点精力不足。而第四天，欧内斯特只给了他们1欧元。于是，带头的那个孩子很不高兴，他告诉自己的弟弟妹妹说："太不公平了，这个人越来越吝啬了，钱也越来越少，我们再也不要到他家门口来玩了！"

于是，欧内斯特宝贵的假期回到了自己的手中，他舒服地闭上了眼睛晒起太阳来。

在这个案例中，欧内斯特运用的管理学和心理学知识结合得非常明显。他只是简单利用了孩子们的心理，并对孩子们的动机进行分析和转变。在他给出5欧元之前，孩子们玩闹的动机是为了自身的快乐，而在得到5欧元之后，孩子们的动机发生转变，而是为了赚钱。因此，当钱越来越少的时候，孩子们内心动机转变的同时外部表现也就和之前完全不同了。

这个心理学规律就是著名的德西定律。

在企业日常的管理中，德西定律也会经常出现并影响到管理的效果。比如，企业管理者经常会告诉员工“如果你能够完成这次销售工作，上面一定会给你不少提成的”“大家这周加加班，下周我会给大家放假的”“要是你搞定这个大客户，升职名单里面出现你的可能性也就增加了”……

当然，我们不应该否认，管理者这一方作出积极的奖励承诺是对下属的良好激励。但是，过多的激励对员工心理层面上真的有好处吗？

答案是否定的，过多、过频的激励，会让下属的工作热情和兴趣不断消减，伴随他们工作动机的改变而遭到扼杀。

很多时候，管理者给出的太多奖励承诺会干扰和影响员工的内心，让员工内在的动机不再坚持原本的“初心”，而是围绕着外在的物质刺激。即使员工本来想通过自己的热忱工作而取得成绩，但在奖励的物质刺激下，也很容易变成单纯为钱而工作。问题还不仅仅在此，我们很容易想到，当一个员工放弃了所有目标，只是将钱当成自己工作的目标时，那么，他们将很难帮助企业获得持续发展，更无法作出对企业长期利益最有益的选择，他们将很难形成企业所需要的忠诚和坚持，同样，他们更难以保持充分的团结和协作精神。这说明，在德西定律下，员工一旦迷失了自我的工作动机，管理者将更难以管控和引导整个团队。

因此，在日常管理中，管理者应该通过科学的方法，帮助员工树立正确的人生观和价值观，培养他们对工作认真负责的态度，在这种态度下，员工才会始终认真地工作。实际上，只有保持这样的管理原则，才能保证团队中不会出现德西效应的情况。

这样的管理精神，早在1954年，就巧妙地融入了日本著名电影大师黑泽明执导的《七武士》之中。

在日本战国时代的一个偏僻荒蛮、封闭落后的山村中，每当收获麦子的时候，都会遭遇强盗的洗劫。这些强盗总是将大部分粮食拿走，然后留下仅仅能够让村民谋生的粮食，以便来年继续压榨。

有一次，村民们终于决定雇佣七名武士来保护村庄的收成。然而，村民们能够拿出的唯一报酬，就是一天三顿白米饭。因此，村民们最终找到的武士都是境遇比较困难的浪人武士。他们分别是：经历沧桑而富于远见的堪兵卫，年轻热情而容易冲动的胜四郎，农民出身却希望成为武士的菊千代，剑术优秀专攻武艺的久藏，机智聪明的五郎兵卫，热情乐天善于鼓动士气的平八，以及沉静理性的堪兵卫助手七郎次。

在这些人中间，担任管理者的是堪兵卫。作为浪人武士，他战斗经验丰富、精通战术，更重要的是他具有正直的性格。这表现在他的经历上，也表现在他的选择上。堪兵卫正直，为了解决被绑匪劫持的人质，他自愿削发而装扮成和尚，顺利完成了解救计划。而当农民们邀请他时，他也没有看重单纯的物质价值，只因看到农民们请他吃白米饭而自己却吃稗子饭而感动，并最终答应保护农民。同样，在挑选武士的时候，堪兵卫也善于挑选他的“员工”，寻找的并不是那些看重物质的武士，而是拥有真正武士价值观的人员，甚至还包括菊千代这样根本就不是武士而愿意冒死“冒充”武士的人……

在影片中，还有这样一个细节，七武士中的平八最喜欢开玩笑，但同时也看重自己的操守和名誉。他第一个说道：“既然是作战，怎么能没有军旗？”于是，他特意打造了一面简陋的旗帜，旗帜的构成是六个圆圈加一个三角，代表着六位武士和菊千代这位“半武士”。

可见，对于这些武士来说，他们追求的并不是赏金，而是寻找自己身为武士的责任，寻找自身价值的体现。因此，最终他们在与匪徒的战斗中牺牲了四个人，换来了村庄的和平，实现了团队的成功。当然，即使如此，管理者堪兵卫还是很清醒地留下这样一句话："也许农民才是最后的胜利者。"

的确如此，如果我们将农民看成真正精明的幕后管理者，对于管理心理学的提升也未尝不可。实际上，当农民发现自己没有可靠物质去吸引员工的时候，他们选择的做法是避开德西效应，而是采取正确的激励方式，找到最合适的员工，组成最强大的团队——或许看到这样的层面，才是我们用管理心理学来解读这部电影的有效途径。

同电影中一样，为了避免员工因为物质刺激而迷失自己的工作动机，管理者需要做的并不是为他们开出高额的赏金，而是引导员工首先为工作和团队树立充分远大的愿景和目标，然后不断运用各种办法增强员工对工作的兴趣。这并不意味着管理者不需要对员工进行奖励，而是强调管理者的奖励方式应该是有效的，能够带来良性作用的。比如，不断利用培训来增加员工提升的机会、不断帮助员工扩大视野等。只有最大限度地将那些并不需要、并不相关的物质奖励和员工的工作划分开，才能避免员工掉进自己的心理陷阱，而导致管理工作举步维艰。

是什么让员工变得消极懈怠（超限效应）

1999年，杭州市天长小学老师周武，像以前那样受到邀请，参加一次普通的毕业学生聚会。这些当年的学生，早已经成家立业，成为社会的栋梁。但是，让周老师感到吃惊的是，在社会中做出贡献最大、受到承认最多的学生，例如担任政府领导、企业管理者或者高校教授的人，当年在学校时的成绩并不出色。相反，那些当年成绩最好的学生，获得的社会地位反而相对平庸。

根据这个感觉，周武老师开始了长达十年的研究，他发现，学生的成长的确出现了这样的规律：在小学时代位于第十名左右的学生，有着充分的潜力和创造力，能够让他们在今后一系列的人生道路上不断崭露头角而持续发展。

周武老师的发现，被称为"第十名现象"，这种现象在心理学上的确有着一定的依据：位于成绩中流的那些学生，受到的来自教师和父母的关注并没有超出限度，因此，他们的自主性更强、学习兴趣更广泛。与之相反，那些看起来非常优秀的学生，因为受到了教师和父母长期的过分关注，过分强化他们的注意力，反而导致对潜能的压制和对学习自主性的减弱。

在心理学中，这种来自外界刺激过多、作用时间过长而导致个体心理的受压制、试图反抗或者延误的心理现象，被称为"超限效应"。

实际上，在成人的世界中，这种效应在企业管理过程中也经常发生。

比如，当员工因为一次疏忽而在工作中出现了错误，某些领导会因此不断对员工出现的问题进行过多地批评、反复地关注，导致员工一开始内疚，继而形成反感的情绪，最后产生抵触逃避的心理。实际上，管理者事先并没有意识到这样的管理方法会导致“超限效应”的产生，他们做出如此的关注，却收到了反面效果，影响到之后的管理。

在团队的管理过程中，管理者应该有其激励员工的主要方式，防止自己就同一个问题过多或者过于频繁地对员工进行刺激。这种刺激并非主要指批评。事实上，过多地指出事实、过多地强调重要性乃至过多地强调差异等，都会让员工产生逆反心理，甚至会因为你强调的越多，反而忘记的越多。因此，心理学家曾经向管理者指出，管理者在和被管理者沟通时，要准确把握好限度。在管理工作中，如果不顾及这样的限度，反复向员工灌输同一种想法，实际上就是在不断刺激员工的同一个注意力区域，直到这样的刺激让员工产生了抵触心理。可见，超限效应不仅会不利于管理者和员工之间的有效沟通，还会导致管理效率降低，甚至效果适得其反。

实际上，在企业的团队中，许多员工的内心是脆弱的。他们面对的是不断提高的竞争压力、是不同的有形和无形的竞争对手。这些员工的内心如同一个杯子，而外界的压力、要求与关注会逐渐填充这个杯子。当杯子没有被装满的时候，他们可能依然会倾听别人的教诲，这就是员工为什么能够受到管理者影响的原因，也是为什么一些管理者能够受到员工喜爱的原因。但是,另一种情况下,当员工的内心已经被管理者过多的关注所填满，那么无论管理者还是员工本人，都会遇到尴尬的情况。

在这种情况下，管理者喋喋不休，不断表达，但却会被员工误认为是对其不信任，也是对员工能力的怀疑，更是管理者自身过于强势态度的表现。在员工看来，管理者之所以不断强调，是因为他们想要将自身的管理意志强加于员工，让自己受到他们管理范围的控制。然而，这样的努力最终只会带来并不令人满意的结果——反复宣传强调，让管理者不自觉地抓住被管理者的过错无法放手，而引起被管理者的不满，进而导致在之后的合作和管理中，出现种种试图反抗或者糊弄的情况。

一般来说，超限效应之所以出现，来自于管理者如下的错误：他们常常喜欢以自我为中心，希望自身得到尊重和重视，却没有看到以企业、客户或者项目乃至员工为中心的任何可能，而是单纯地从自我角度出发看待所有的管理过程；他们常常忽略和员工交流的方式、方法，导致产生不必要的误会，或者更容易引起员工的焦躁不安；另外，管理者还会不注意度的把握，即在数量、时间和频率、内容范围等方面，超越了必要的“度”，引起员工的无所适从。综合以上这些问题，我们可以将之归结为管理者缺乏必要的换位思考精神，不愿从自己设定的角色圈子中走出来。

其实，管理者应该注意到，自己手下并非没有优秀的人才。这些人才之所以从最开始的积极踊跃变成后来的消极懈怠，很大原因在于自己没有对他们进行有效管理。这是因为管理不仅需要真正探寻不同员工类型的思考状态、所思所想，同时还要学会必要的遗忘和宽容，学会让他们自己领悟自身应该修改的错误。否则，就一定会让员工产生抵触心理，最终，导致他们从那种看起来拥有良好后续潜力的员工，变成并不关心企业发展、无法积极投入工作的“负面员工典型”。

因此，管理者应该积极摆脱超限效应，并重点关注以下方法原则：首先，要做到结合批评和鼓励。比如，在被批评之后，如果能够及时对员工进行安慰或者鼓励，或者相反，当员工被表扬之后给出应有的提醒或者警示，那么员工产生超限效应的可能性就会大大降低。其次，应该把握好信息渠道，不要随意进行沟通交流。管理者往往容易习惯于随意和员工进行交流，其中很多交流沟通往往基于并不准确的信息，这样产生超限效应的可能性就大大增加了。最后，管理者应该学会多样化地交流沟通，具备一定的幽默感，或者能够经常变换交流沟通的形式，这样才能让员工不至于感到厌烦。

总之，让员工承受的限度始终保持在科学的范围内，这样不仅能使员工个人获得健康顺利的成长，整个团队也能得到应有的提升变化。

第三章

领导心理学：
与追随者的一次心灵交换

为什么都说凯撒是英雄却没人夸他是好领导

关于凯撒的电影，最早可以追溯到莎士比亚的剧本。而几乎每一部关于凯撒的电影，都努力为观众刻画出了一位英雄，一位不同于凡人的领袖。

2002 年，美国再次推出一部电影《凯撒大帝》(Julius Caesar)。这部电影是根据真实历史加以改编的，展现了以凯撒为主角的历史人物群像，将人们印象中的凯撒再次栩栩如生地推到了幕前。

年轻时的凯撒，充满了挑战精神，不断征战攻伐，终于顺利获得了罗马的统治权。之后，影片并没有直接透露究竟是什么因素改变了这个男人，而是通过讲故事，铺陈引人入胜的情节，将这个人如何一步步登上最高权力顶峰的历程展现在人们面前，同时也为其悲剧人生埋下了伏笔——正当他开始享受胜利喜悦和成就感的时候，迎来了人生的终结。

在影片中，凯撒的确表现出了非凡的智慧和坚决的勇气，而他终究是个失败的管理者，带有浓郁的悲剧色彩。当他从一个普通贵族将领成长为统治整个罗马的最高统治者之后，由于缺乏对自身管理角色的正确认知，没有协调好同元老院传统贵族之间的关系，于是，这些传统的利益既得者们产生了谋害他的想法，他们选择了十几个刺客，而其中居然还有凯撒最信任、最亲密的朋友迪希摩斯·布鲁图斯。在凯撒参加议事会议之前，他们突然掏出了藏好的匕首刺向凯撒，在凯撒本能地反抗时，突然发现布鲁图斯也在其中，于是悲伤欲绝而放弃了抵抗。

凯撒作为统领千军万马远征北方的将领，作为被整个罗马称颂的传奇人物，却以这样的结局终结了自己尚未正式开始的统治，不能不说是很大的遗憾，而这主要是因为其心理上的明显缺点造成的。从凯撒的个性上来说，他经常表现得过于主观感性，喜欢听他人的恭维，喜欢轻信别人，也会不讲原则地过分宽容那些试图伤害自己的人。在凯撒看来，作为管理者，只要去理解和宽容所有人，就必然会得到他们的承认和肯定，他们就一定不会伤害自己。但事实真的是这样吗？

应该承认，无论在这部电影中，还是在其他影视节目中，凯撒都被塑造成为令人钦佩敬仰的英雄，但在管理心理学上，他并不值得效法，因为他不是一个称职的管理者。对团队，凯撒没有严格管理好，而混入了与管理者、团队利益完全不一致的人，甚至为此付出了管理者自己的生命。

在实际的企业管理中，不少管理者也曾经像凯撒那样进行管理。

比如，一些企业的领导在管理上经常对员工出现的错误不以为然，更不愿意主动纠正员工出现的问题，结果，员工因此而产生侥幸心理，导致一而再，再而三地犯错误，此时，管理者才发现，整个团队已经养成了松散的工作习惯，自己的管理已经越来越失去效力。

为了避免重蹈凯撒悲剧的覆辙，管理者一定要学会在日常管理工作中，积极树立自身的威信。为此，面对员工出现的错误，不能随便容忍——此时的容忍无疑是一种过分地放纵。另外，管理者也不应轻易表现出对员工的过分信任，因为当员工觉得被过分信任之后便会产生随意性，这样，管理者的努力效果就会被影响和降低，最终出现诸多管理麻烦。

在管理中，管理者也不应该为了表现自己对下属的宽容而过分地降低原则。因为这样做，不仅会让员工的思想产生松懈、习惯发生改变，同时也会让管理者的威望降低，由此，也会让整个团队的凝聚力下滑。

实际上，当下属犯了错误，需要上司进行具体表态并加以指导的时候，管理者不要存在“让他自己慢慢改正”的思想，因为这时候并非是展现管理者绅士风度的时候,而是一个该真正出手对员工加以改造和训练的机会。对员工不包庇、不轻信、不放纵，并随时了解员工的状态，及时处理下属犯下的错误，才能实现对下属更好的管理，进而树立起让整个团队更加愿意追随你的威信。

实际上，凯撒并非不具备威信，而是因为他的威信并没有真正改变和影响那些诸如布鲁图斯这样的“摇摆员工”，由于凯撒偏向于让员工主动发现他的光环，或者强调他对员工的重要性，最终错失了抓住布鲁图斯来改变团队舆论、明确团队共同目标的机会。可见，作为今天的管理者不应满足于塑造自己个人的形象，而是要抓住给员工纠正错误的机会，做到与团队成员的真正交流与沟通，进而树立管理者自身的强势威望。

为了更好地树立威信，管理者应该坚持几种重要的原则，从心理层面上向团队成员加以暗示，帮助他们认识到管理者的地位、能力和信誉，从而引导他们向积极方向努力。

比如，管理者不应该轻易改变命令，甚至不应该轻易发布命令。在不少团队中，下达命令成为一件很随意的事情，管理者想到什么就马上让下属去执行，这样高频率而很随意的命令，往往给员工带来不良的心理暗示。他们会认为是管理者缺乏能力或者缺乏资源来一次性妥善地发布命令，而只能断断续续地下达让人感到模棱两可的命令。

同时，管理者不应该随便向员工许诺。管理者一旦许下诺言，就需要去实现。如果员工发现诺言实现不了，他们就很容易产生内心的失落感继而降低对管理者的信任，从而采取故意叛逆乃至对管理进行破坏的方式，来弥补其内心失去的平衡以及承担的伤害。

另外，一些管理者喜欢在下属面前通过自我肯定而获得威信。应该说，管理者的自信是非常必要的，但管理者的威信并不完全等同于自信。想让员工承认自己，仅仅靠自己的片面吹嘘是远远不够的，甚至会适得其反。心理世界真正宽广的管理者，会保持真诚、坦率的态度，用真正的事实说话，这才是最好的自我推销法。这样，员工才会真正了解你、认可你，进而愿意信任你和追随你。否则，很容易让员工感觉你的诚信品质有问题，甚至让员工直接否定你的整体人格。

板着脸就能体现管理者的威严吗

电影《穿普拉达的女王》（The Devil Wears Prada）是一部根据同名畅销小说改编的影片，讲述的是一个刚毕业的女实习生的职场故事。

在这部电影中，女主角刚刚毕业就机缘巧合地进入了一家顶级的时装杂志社，并迅速成为主编的助手。这家时装杂志社的主编米兰达是那种典型的“板起脸”的女老板，作为一个管理者，她对人一向尖酸刻薄，而且常常挂着一副不苟言笑的威严的表情，使得整个杂志社终日弥漫着一股紧张的气氛。比如，她能够在转眼之间就板起脸，吩咐助理要完成的工作和具体的私人安排，而这样的管理风格常常让新来的女助手倍感压力而喘不过气来。

影片中，演员斯特里普一反自己原先亲和的戏路，成为人见人怕的管理者。她在片中一头银发，气质高雅脱俗却威严逼人，同时还有着一张泼辣的利嘴，经常将手下的员工批评得体无完肤。而由安妮·海瑟薇扮演的女实习生就是“受害者”之一。后来，斯特里普在接受关于这部电影的采访时还说道，第一次知道原来“骂人”竟如此爽快。

实际上，我们可以将这部电影中两位地位不同的女主人公看成职场中不同的女性。在当今时代，女性早就不甘心隐藏在男性背后，躲藏在家庭内部，从而失去展现自我能力的平台和实现自我价值的空间，于是她们独立地走出来，逐渐成为资深的职业女性，其中不乏管理者角色。然而，另一方面，不断发展的社会经济，对女性的要求又越来越严格，尤其是那些身上肩负团队责任的女性管理者，她们往往需要更好地平衡事业成功和家庭圆满之间的关系，这一点给她们带来了更大压力，这让她们显得更加威严。

例如，本片中的女性管理者米兰达，她一头男式的短发，总是采用低沉的嗓音和命令的口气来展现自己强硬的工作风格，处处体现出一种男性化的女强人形象。在个性上，她又显得非常强硬而不愿意让步，工作态度严谨、一丝不苟，对下属总是有着严格要求，并指挥她们雷厉风行地工作——这些个性加在一起，让人感觉她过分严苛，只有男性的威严，却没有那种广受欢迎的女性温柔和体贴，致使下属畏惧并经常抱怨。但实际上，为了能够在男性主宰的职场中做出一份成绩，米兰达的家庭生活并不如意，她经历了多次失败的婚姻，还有一对相当顽劣的女儿，米兰达离开管理者角色面对家庭生活时，却暴露出无力和脆弱的自我现实。

看过这部影片，管理者不禁要向自己发问：真的需要用威严的面孔，才能让自己的管理更加有效吗？

许多管理者用自己的实际行动回答了这一点，每当说到“领导”两个字的时候，员工们脑海中总是习惯性地浮现出管理者们威严的面孔。在很多管理的场合下，管理者也总是喜欢像“穿普拉达的女王”那样，用威严的表情来进行管理。

如果不了解心理学，别说员工，就是管理者自己也不知道为什么会摆出威严姿态。事实上，不少管理者自己也会觉得奇怪，为什么在家庭或者社交场合中性格开朗自如的自己，一走进办公室，就会判若两人？这是因为，为了得到管理的那种气场，他们一开始硬让自己摆出一副应有的架子来，继而，随着管理工作的不断深入、不断持续，这种架子便转化成为深入工作习惯的那种威严态度，并表现为能够让员工感到尊重的一种力量。

当然，另一部分管理者摆出这样的威严态度，原本就知道这并不是真实的自己，而是一种工作必需的态度。在他们看来，之所以需要在管理中摆出威严的姿态，是为了让员工感受到管理力量的充足性，感受到管理者产生的那种掌控感，从而利于整个团队工作的具体开展。因此，在工作的过程中，这部分管理者心里就会产生很自然的想法：如果自己不能用足够威严的态度来对待员工，那么，员工就不会被自己的地位、权威或者威严而震慑，管理工作就很容易产生懈怠，团队也会因此而变得松散起来。

虽然这部分管理者并不是真的有多喜欢用威严的表情来进行沟通交流、发布指示或者进行考核，但是他们认为，这样的表情能够帮助员工感受到明确的领导力，从而提高自己的管理水平。

应该承认，这样的观念是有其合理性的。这是因为，管理学是一门综合的应用科学，其中蕴含的道理和原则，并非仅仅在生活中用感受就可以评价或者表达。假设一位管理者在管理过程中缺乏必要的严肃态度，不能用威严的表情来对员工进行管理，那么，员工很容易感觉到管理者对团队缺少责任心，或者认为管理者缺乏必要的经验，接下来，就会发生有员工随意挑战管理者权威的事情。在管理中，这样的局面当然是一种失败。反之，如果用威严的表情来进行必要的管理，可以对员工起到一种提醒的作用。对习惯于摆脱纪律约束的员工产生这种必要的提醒作用，会让管理状况变得更加有序。

正因为如此，许多管理者都会存在"威严面孔"的心理特征。

但是，承认这种心理现象的合理性，并非提倡总是用同样死板的"扑克脸"去管理员工，更不代表这样的心理特征就应该自始至终贯穿于整个管理过程中。在一些情况下，适当地笑一笑，向员工展现你的友好，或者采用幽默风趣的方法来和员工进行交流沟通，常常会让员工们感到从威严气氛中获得休息的乐趣，在这样的乐趣下，不仅使管理者和员工之间的情感更加牢固，也能够舒缓员工的心理压力，重新凝聚他们的工作注意力，有效提升他们的士气。

“威严面孔”是必要的，但“威严面孔”并不是充分的。不会板起面孔的管理者是软弱无力的，而只会板起面孔的管理者则是愚蠢的。管理者应该学会在威严和放松、板起面孔和舒展表情之间，找到最利于管理工作的那个均衡点。

卓越的管理需要亲力亲为吗

不少管理者常常会向朋友做这样的抱怨：工作太辛苦了，工作永远做不完。何况，业绩始终无法提高，大部分工作都是在不断地处理问题，甚至连对最底层员工的处罚也要等他们来点头才行，更不用说其他的日常事务。

的确，管理者经常会出现这样的习惯。即使那些优秀的管理者，也常常会落入自己的陷阱，即使很多事情并不需要亲力亲为，但他们依然乐此不疲。在这样的过程中，一方面，管理者感到自己的个人形象获得提升，另一方面，管理者也认为亲力亲为对团队的成长有更大的效果。

事情真的如此吗？从心理学上分析并非如此，从历史上看也并非如此。一个卓越的管理者不仅仅在于其自身能力优秀，更在于他们明白究竟哪些事情应该由自己来做，哪些事情应该交给员工处理。

美国故事片《巴顿将军》（Patton），是一部以真人、真事为题材的战争军事人物传记片，这部影片被看作是美国自己所拍摄的最重要的“第二次世界大战”电影，因而获得了第 43 届奥斯卡最佳影片、剧本、导演等一共七项大奖。

电影开始于 1943 年的北非，在“沙漠之狐”隆美尔元帅的反击下，美军在北非遭遇惨败。为了扭转形势，美国政府重整旗鼓派出年纪已经超过五旬的乔治·巴顿担任第二特种部队司令官，而布莱特利少将则担任他的助手。

巴顿将军是美国军队中威望相当高的一位将领。他参加过“第一次世界大战”，在军校时成绩就名列前茅，还参加过奥运会最早的五项全能比赛，获得剑术第三名，设计出美军骑兵的新式马刀，是美国军队的第一个坦克手并组建了美军坦克部队……可以说，巴顿知识渊博、能力突出，是士兵们眼中的传奇人物。

巴顿上任以后，马上开始整顿军队纪律，他亲自过问伙房的开饭时刻，要求官兵服饰整齐，将美军士兵喜欢贴在床头的美女画一张张撕下来。在这种事必躬亲的管理风格下，这支部队很快士气大振，成为纪律严明、斗志昂扬的部队。就这样，巴顿的美军第二军战胜了德国的北非军团，英军则乘胜追击，将德军全部赶出非洲。

不久后，巴顿被任命为美军第七集团军司令，他计划从西西里岛南部登陆，进攻意大利的巴勒莫，让英军负责牵制。这个计划遭到了英军蒙哥马利的反对，而联军最高司令艾森豪威尔决定接受英军建议。这让巴顿非常气愤。后来，在指挥部命令巴顿的第二军停止进攻的情况下，巴顿依旧赶在英军之前攻克德军防线，这让巴顿兴奋不已。

此后，巴顿事必躬亲的习惯再次发作。在攻打墨西拿的过程中，由于部队推进缓慢、伤亡惨重，巴顿亲自去前方侦察，同时还去视察了随军医院，在那里，他听说一个士兵因为“炮弹眩晕症”而不能上战场以后，认定这个家伙就是典型的逃兵，当着所有人的面猛扇士兵的耳光，引发了整个美国和盟军的震惊。

虽然德军在意大利的最后据点墨西拿被拿下，但巴顿的所作所为引起了过多不满。在艾森豪威尔的严厉命令下，巴顿只好道歉，而其检讨却并不真诚，从而无法获得他人谅解，巴顿最终被解除军职。

不久后，因为巴顿的能力突出，他重新被艾森豪威尔在诺曼底登陆战役中起用，只是巴顿这次只能扮演“声东击西”的伪装角色，这让他感到相当不满，于是一有机会就怒骂德国人、抨击苏联人。好容易到阿登战役时，巴顿真正走上了战场，却又受到了上司艾森豪威尔的约束，被迫减缓进军速度，而让蒙哥马利的北方战线和苏联人在东欧的战线加快推进，这让巴顿更加不满。当战争结束后，在盟军欢庆胜利的宴会中，巴顿居然出口讽刺、仇视盟友苏联人，并宣布自己想要和苏联佬作战，因为美国是不可能向他们示弱的。

艾森豪威尔又一次听说巴顿的“亲力亲为”带来了麻烦，不禁大为恼火，于是，巴顿被调任为徒有其名的第十五集团军司令，不久之后，巴顿在德国出车祸身亡。至今，他的死因是否牵涉美苏两国之间的密谋，依然是个谜团。

巴顿将军当然是盟军的英雄，然而，我们不能不说，正是因为他个人事必躬亲的做法，导致其在管理上的失败，同时也影响了他个人的发展前途。虽然巴顿将军身先士卒的管理习惯，能够创造出一时的过人的成绩，但是，却并非持续、长远和不断提升一个团队的正确方法。

对于事必躬亲的管理者来说，下属们会习惯于服从他个人的命令，但是他们并不会将这完全看成团队的规则，反而会认为要么是因为管理者能力很强，要么是因为管理者喜欢多管闲事。例如，在巴顿去一个个撕掉士兵的美女画时，就已经有不少军官展露了不满情绪，因为即使需要改变这样的团队习惯和传统，也轮不到巴顿这样的司令官去做，他应该管理更加重要的事情。当然，这样的不满随着巴顿个人的出色才能、战争迅疾的发展而被暂时隐藏，但可想而知，如果在平常的职场上，有这样一位喜欢去管理员工电脑桌面的管理者，这样过于琐碎和细致怎么能不让员工不胜其烦呢？

实际上，管理者面对的职场，毕竟不是巴顿所面对的生死存亡的战场。

当你过多地去监控员工所做的事情之后，无论动机是怎样的，也无论手段是多么到位，都会被员工或多或少地看成多管闲事。这是因为，在现实的工作中，每个员工每天的工作中，都会出现许多管理者无法监控、引导也不需要进行具体监控、引导的事情。而站在管理者角度来说，无论在时间上还是精力上，都不可能去管理每个员工的每件事情，甚至根本不应该将注意力放到具体的细节上。

伟大的军事家、法国皇帝拿破仑曾经说："一个累坏的指挥官，绝不是一个最有效的指挥官。"事实的确如此，在拿破仑看来，如果管理者因为自身的责任、地位而将团队的大小事情都抓在手中，整天疲于奔命去管理所有的细节，那么，即使他的管理能力很优秀，也无法成为卓越的管理者。

从心理学的层面来看，在管理过程中，如果管理者总是喜欢事无巨细地去为员工设计每个过程的细节，考虑每一个具体的问题，员工的心理就会产生相当复杂的变化——从原来对管理者的敬佩喜爱，变成对管理者的怀疑。他们会疑惑，管理者为何总是喜欢过问我的具体工作？是因为我的工作能力不足而让管理者感觉到不足以信任，还是他对其自身的能力不信任呢？而与此同时，管理者由于过多关注事情的细节，却没有注意到员工出现的心理信号，于是，他们会继续在管理过程中想当然地参与每件事情，从而更多地影响员工的心理平衡，导致管理工作无法更加卓越。

其实，不少情况下，管理者习惯于亲自过问、处理事情，并不一定是权力欲过剩的表现，而是希望用这样的方式来推广工作认真的作风，从而影响员工。但管理者可以用更多的方法来做到这一点。比如，学会对下属提供不同的标准、方法和目标，要求他们自行把握过程，自己只需要看结果；再比如，通过适当地向员工们授权，让他们感到管理者并非是不信任他们，而是关注工作的过程罢了。当然，管理者与其事事关心，让自己太累，还不如用心培养下属。当拥有了优秀的下属之后，他们将会在很多场合和事件上成为管理者的“替身”，此时管理者就不需要总是亲力亲为地管理每件事情了。当达到这样的效果后，管理者看似远离了团队，实际上却保持了团队成员的内心平衡，给他们带来了更好的工作环境、更大的工作动力。

为什么管理者喜欢“百依百顺”的员工

在工作实践中，不少管理者似乎也会发现这样的现象：那些对自己总是在态度和行动上表现出服从的人，会受到自己更多的喜爱，而那些拥有自己的主见观点而不是那么“百依百顺”的员工，则肯定不会受到自己的重视。

实际上，管理者喜欢那些听话服从的员工，这一点并不奇怪。甚至一些管理者相信，宁用“奴才”也不用人才，用那些相对温顺的员工，虽然能力差一点，却要比那些能力强的员工更容易指挥和调动。

更加具有讽刺意味的是，不少人在作为员工时并不是什么温顺的“绵羊”，但当他们成为管理者的时候，却尤其喜欢那些像绵羊一样听话且便于指挥的员工。

在电影界中，周星驰先生就是这样的典型。在事业早期，他并不是只愿意听从管理者指挥的演员，而是如同《喜剧之王》中的角色一样，动辄脱离规则，搞出点自己的创意来，而当他走上管理者位置时，却意识到了员工听话的重要性。

姑且不讨论周星驰个人的变化，他的一部代表作《大内密探零零发》中的情节，就有力地向我们展现了一位只喜欢听话员工的管理者遇到了怎样的危险。

在这部以典型周氏无厘头风格的电影中，设计了宫廷四大高手零零恭、零零喜、零零发和零零财四个员工，其中，除了零零发之外的三个人，各自拥有着奇绝的武功，加上忠实地听从皇帝指挥的态度而受到欣赏和重用。甚至连无一技之长只知道振臂高呼“皇上英明”的国师，也在职场上混得风生水起。

然而，零零发的命运却迥然不同，因为他看起来总是不在管理者指定的工作领域付出努力，而在不断研究一些毫无意义的“发明创造”，因而无法在短期内拿出业绩，结果，不仅遭到皇帝泄愤般地殴打谩骂、被发配到后厨洗碗，最终还被开除出“保龙一族”的团队。

显然，电影中这位缺乏足够全面管理理念的皇帝，同现实生活中的许多管理者并没有太多区别。他们总是喜欢设计好自己理念中的“优秀员工”，然后再用这样的模型和现实员工一一对应：符合这种优秀员工标准的，就值得重用，哪怕他只会喊喊“老板英明”；不符合这种标准的，则就应该扫地出门。

实际上，这种发自于管理者内心的感受并不是什么反常现象，著名的美国心理学家布鲁纳就曾经总结说：“服从管理者，才是最明智的选择，这是博得领导喜爱而获得发展机会最便捷的方式。”正缘于对这个事实的认同，工作中会有许多员工选择顺从管理者，而不是选择去做那些让管理者反对或者无视的事情，更不会反对管理者，因为那样会意味着丢失更多的发展机会。

逐渐地，管理者便会认为，这些顺从自己态度的员工，才是工作姿态正确的员工——他们不会当众对自己提出反对意见，这样，管理者的权威就不会受到挑战，情绪和面子也就得到更多的照顾，从而让双方之间具备“良好”的沟通效果。另外，对于这些员工，管理者自信能够进行有效的管理，而不必担心管理过程中出现不服从的情况，这样，不仅能够有效节省管理的时间成本、资源成本，还能保证团队中不同成员的内心平衡。

然而，一个团队并不只是需要听话的员工就可以实现有效的管理的。

让我们再回到《大内密探零零发》，电影并没有到这里结束，当皇帝受到北方金国的欺骗，去观看“天外飞仙”的外星人尸体之后，跟随他的“听话员工”——三大高手很快便被杀死。在关键时刻，还是经常做出匪夷所思行为的零零发使用自己发明的“直升机”和“机关枪”击败了敌人，拯救了皇帝，拯救了整个团队。

实际上，在现实职场中，类似的事情并不少。当年，乔布斯也是一个表现不好的员工，后来却成了苹果的创始人，而甲骨文公司的创始人埃里克森也同样如此。相反，那些看起来听话的员工并没有将公司提升到苹果和甲骨文的水平，那些看起来更加“和谐”“统一”“尊重管理”的团队，甚至会遭遇最终被收购、被淘汰的命运。

从员工行为来看，那些因为有着独特想法，或者有着工作经验的员工，他们对管理者比较容易产生怀疑，并进行争执、批评等行为。在这种情况下，管理者认为自己失去了自尊，因而对这样的员工产生反感。从这个角度来看，反对老板的员工的确不太明智。

但是，管理者应该学会从更高的角度来看待问题，他们应该注意到，在许多团队中存在着两种不同员工，一种是具有突出工作能力的聪明员工，他们经常会恃才傲物、不愿顺从团队纪律，也不习惯动辄对管理者表现出紧紧跟随的态度，更不会随便站队表示自己是管理者的“自己人”；而另一种员工，工作能力虽然一般，但态度谦和，对管理者顺从，愿意接受管理。对于一个团队来说，这两种员工有着各自不同的作用。后者可以被用来夯实一个团队的合作基础，用以负责执行那些需要忠诚、稳定等工作态度的工作，而前者更适合用以开拓进取，让他们负责那些需要强烈自我意识、带有冒险性和挑战性的工作。

如果能看到这一点，管理者就会明白，一个团队并非只需要“百依百

顺”的员工，所需要的是不同类型的人才。更重要的是，如果一个团队在管理者的指导思想下，被“听话”气氛笼罩着，员工都成为“听话的棋子”，就很容易形成缺乏思考、缺乏想象的工作状态，等待和盲从最终会影响管理效率。

因此，一方面管理者应该认识到，喜欢顺从的员工是自己正常的心理感受；但另一方面，管理者也要学会对这种心理感受说“不”，学会主动把握、管控和改变这样的心理感受。去尝试接受那些似乎并不听话的员工，然后站到他们的角度，观察他们的工作方式，分析思考他们为什么表现出和众人的不同，最终，很多问题就可以迎刃而解。因而对那些具备个性的员工，实施切实有效的管理，他们就能创造出更大的价值，成为新的优秀人才。

拿破仑放弃支持富尔顿，原因何在

1803年，富尔顿从美国来到巴黎的塞纳河边，在那里，这位年轻的发明家终于建造起了一艘用蒸汽机作为动力的轮船。当年8月，富尔顿听说，拿破仑正苦于无力越过英吉利海峡去和英国作战，就兴冲冲地带着自己的产品去朝觐这位法国皇帝。然而，正是因为他的一句错话，让拿破仑坚决反对他的建议——当然，对于拿破仑这样的伟大管理者来说，这是一个注定让历史为他而遗憾的决定。

当时，法兰西帝国的海军实力已经是欧洲一流，但是，和当时大多数国家一样，舰船大都是木质结构，而动力则依靠传统的风帆，在面对海上霸主英国时，法国海军无力占据上风，常常被英军名帅纳尔逊击败。所以，当拿破仑听说富尔顿有种新轮船出现在塞纳河上时，还是相当有兴趣的——即使这种轮船在塞纳河上试验时出尽了洋相。

富尔顿对拿破仑说："皇帝陛下，一台20马力的蒸汽机，就能够抵得上真正20面鼓满的大风帆，帝国的海军再也不需要停在港口里面去等待好天气了。如果都采用了我的蒸汽机轮船，到时候，不要说纳尔逊的舰队，就算是世界上最快的鱼，恐怕也跑不过陛下。当您旗开得胜的时候，您将成为这个世界上真正高大的人！"

他说到这里，拿破仑原本还在认真倾听的表情立刻变了，他马上插嘴说："你只告诉我速度，却不提船上铁板、蒸汽机和煤炭的重量，你不是个骗子，就一定是个傻瓜！”说完，拿破仑拂袖而去，留下呆若木鸡的富尔顿。

1812年，英国买走了富尔顿的轮船专利，这让英国舰队如虎添翼。看到海洋上的差距越来越大，拿破仑无奈地将矛头指向了俄国，这也直接导致了他今后的失败。

当历史学家们重温这次对话时，他们一致认为，是身材高大的富尔顿在著名的“矮子”皇帝拿破仑面前提到“高大”这个词，而打击了这位伟大管理者的自尊心。或许富尔顿是因为年轻气盛，缺少职场经验，又或者是他埋头于科学研究，法语能力并不是那么强，使得拿破仑因为被下级超越、被下级看穿的“自尊心”发作，而拒绝了合理的建议，放弃了本来可以带来收益的管理成果，这实在是其管理生涯中的很大遗憾。

实际上，拿破仑虽然是伟人，但同样逃不脱心理学的研究范围。任何人都会有自己的虚荣心和嫉妒心理。当他发现富尔顿的身材比他高的时候，拿破仑就已经相当在意了，而当富尔顿夸赞自己的产品、表现自己的能力，甚至主动提到管理者的劣势时，拿破仑更加感到管理形象遭到破坏，从而作出了放弃计划的决定。

这种情况，在今天的企业职场上并不少见。普通管理者比起拿破仑，更容易出现因为虚荣心和嫉妒心发作而加以盲目管理的情况。比如，当管理者发现自己的一位新下属很有能力，甚至在某些方面比自己都要强的时候，管理者往往就会感到难堪，隐隐约约认为下属必然会和自己作对，威胁到自己的管理地位，或者疑心是自己的对手有意布置而想要让自己出丑，又或者担忧是上司安排的取代自己的角色，等等。在这样复杂的动机下，他们则很容易做出为难新下属，甚至排挤、陷害新下属的事情。

老实说，正是因为这样的心理现象，导致职场中有这样一句话——“永远不要表现出你比领导更强”。甚至连心理学家、美国密歇根大学罗斯商学院的教授戴维·乌尔里克都这样说："任何在领导面前展现出优越性的行为，都是不明智的。"

但是，如果管理者始终抱着"员工应该不如我"的心理特征进行管理，员工又会从哪里得到动力来进行自我表现呢？他们又为什么要努力工作？——反正无论怎样努力，都不应该比自己的上司更强。

更何况，一旦这样的管理心态通过管理行为变成企业的文化，那么我们就会看到更加讽刺的事实：每一层的管理者都只愿意重用那些比自己能力差的员工，这样，企业的基础就会越来越薄弱，那些真正在执行的员工，注定是企业中能力最差、经验最弱的员工，显然，这样的企业是无法在激烈的市场竞争中找到生存之道的。

当然，管理者会因为下属的超越而产生内心波澜或多或少地存在不希望看到下属超越自己的心理是正常的。但是，优秀的管理者应该注意到保持平衡的心态，用站在整个团队的思维角度来看待下属这种超越行为的动机和意义。如果管理者确认这样的超越并非仅仅出自他们的个人利益，而是能够给团队带来更好的效益，管理者就应该接受这样的事实，并消灭自己嫉贤妒能的心理萌芽。

具体来说，管理者应该用正确而平和的心态看待下属的超越，敢于承认在某些领域下属的能力的确比自己强，同时对他们的超越精神给予鼓励，对他们的超越行为给予认同，对他们的成果加以利用。管理者需要明白，这样的管理行为，虽然在心理上让你不是那么有成就感，但在管理效果上，常常会让整个团队受益匪浅。同时，优秀的员工由于获得了足够的认可，才能留在团队中，并激励更多的员工发挥出自身的潜力，表现出积极的工作态度，投入到提升业绩的努力中。这样，对于管理者来说才是真正塑造自我管理形象、提升管理成效的机会。

为此，管理者应该学会从不同的方面去克服自己所谓的正常的嫉妒心理，例如，首先认识到嫉妒的危害性，将嫉妒看作对团队有害、对管理有害的心理，杜绝其产生的根源。其次，克服不需要的私念，作为管理者，应当认识到自身的根本利益在工作结果上，而不是在表面的形象上，这正如拿破仑的成就高低并不在其身材高矮，而是在其战争结果胜败上一样。另外，管理者还应该学会正确认识和评价自己，利用自己的优势，发挥长处，恰如其分地对待自己的短处，而不需要讳疾忌医、文过饰非。

我们相信，当管理者能够拥有更开阔的胸襟时，拿破仑的错误就不会在管理实践中重现，同时也能得到更多人才员工的尊敬和服从。

宽容，俘获人心的力量

众所周知，宽容和仁爱，是众多文学、影视艺术的主题。这是因为，在日常生活中，人和人之间的相处，如果没有了宽容和仁爱，就会失去最起码的生存基础。同样，在管理中，如果管理者没有对员工存有必要的爱，缺少必要的仁慈本心，就会给日常管理工作带来很多负面影响。管理者和员工之间的矛盾将因此逐渐扩大、裂痕加大继而无法维持正常的合作关系。因此，在必要的情况下，管理者应该学会在给客户和上级带来利益的同时，也给员工带来利益，并加以全面的表达和传递，尤其在员工犯错的情况下，也应该在不违背原则的前提下，展现出你的宽容之心。

摩托罗拉公司刚刚创办时，公司的创始人保罗·高尔文决定派出两名精通技术的员工去欧洲开拓新的市场。临行前，他交给这两个员工 10 万美元作为市场开拓经费。在当时，10 万美元已经属于相当可观的费用，尤其对于刚刚起步的摩托罗拉来说，这也是一笔不小的开支。于是，这两名技术人员满怀信心，走上了开拓市场的道路。

到达欧洲后，他们很快入住酒店，然后每天努力推销产品。一天下来，他们跑了不少客户，有收获，也有遗憾，有的客户对他们的产品很感兴趣，也有的客户告诉他们根本不需要他们的产品。到晚上，回到酒店，打开房门的时候，他们被面前的情景惊呆了：所有的私人物品全部被散乱地翻了出来，行李扔得到处都是，更骇人的是，那放在保险箱内的10万美元，居然已经被盗贼洗劫一空。看到这样的情景，两个人顿时吓傻了。但这样的情况总要面对，两个人做好了被炒鱿鱼的准备，将所有的事情经过向保罗·高尔文全盘汇报。虽然高尔文听说这件事情后也不由得大吃一惊，但他很快冷静下来，并没有指责他们，而是对这两位充满失望、内疚和惊恐的员工好言安慰一番，并勉励他们继续努力，争取用拿到的订单来挽回损失。

这两名员工没想到上司处理得如此简单，对他们这样宽容，在感动之余，他们下决心一定要做好工作来回报上司的厚爱。就这样，这两位员工每天都出去跑市场，发自内心地为客户考虑、为企业考虑，在他们不断地努力下，当地一家公司愿意购买他们名不见经传的产品，而合同的总金额达到了100万美元。

可以说，正是因为管理者的宽容，才让员工看到了企业对他们的信任，最终为企业开辟了新的市场。可以说，如果没有管理者的宽容，这两名员工会因为丢失了资金而被严惩甚至解雇，那么结果很可能完全不同——不仅损失了10万美元的资金，同时也失去了未来成功的可能。

实际上，管理者的宽容心理也并不仅仅是天性中的仁慈。我们应该承认，管理者的角色和其管理目的是无法分开的，任何宽容心理的产生，必然来自于对管理目的的追求和重视。当员工出现问题、犯下错误或者造成困难后，管理者的第一反应是感到惋惜和气愤，并很想将责任明确到员工身上，加以惩罚。但是，高明的管理者会在这样的反应之后产生新的心理动向，他们会首先让自己的情绪冷静下来，然后观察出现错误的过程、特点、主要原因和员工在其中所扮演的角色，从管理者的角度明确员工在其中的责任。同时，管理者还会衡量对员工宽容之后所产生的工作推进力和鼓舞力，是否会超过对他们加以惩罚而产生的效果力量，当然，这样的衡量还需要具体考虑员工自身的特点。如果员工的确具有优秀的能力、良好的态度，而并非是因为他们的主要责任导致了问题，那么，对员工的宽容就是可取的。

在实践中，管理者过多地批评员工，尤其是过多批评那些扮演关键角色的员工，经常会导致对方感到被伤害和被忽视，感到他们付出的工作辛苦全部都被无视。甚至在某些情况下，由于管理者并没有真正了解员工的工作过程，一旦说出了伤害的话语，就会让员工的积极性大为降低，进而无法良好地完成工作任务。但是，对同样的错误，管理者如果能像案例中那样采取宽容姿态加以对待，往往能够让员工因为负疚、自责或者感激而产生更好的工作积极性。在这样的积极性下，他们会感到更需要付出工作热情，并努力为企业创造出价值，弥补工作中曾经出现的过失。

因此，从心理学的角度来看，管理者适当地展现自己的宽容姿态，不失为一种高明的管理方式。同时，这种方式并不仅仅会对员工个人产生良性影响，还会对整个团队产生良性影响。这样的案例，在影视故事中也不乏其例。

电视剧《楚汉风云》最初是一部大型数字电视电影，分为 21 集，后来，在中国内地发行了 40 集的电视剧版。电视剧讲述了秦朝末年到汉朝初年的历史故事。当时，项羽出身于楚国贵族，而刘邦只是卑微的平民，虽然两个人性格不同、经历不同，但却有着同样的野心，也有着同样的机会。当秦王朝被推翻后，群雄相互发动战争，楚汉争霸的格局也逐渐清晰。最终，在激烈的战争后，项羽因为自身性格原因，终于落到四面楚歌、乌江自刎的下场，而刘邦则登基为帝，开创了大汉王朝。

在这部电视剧中，一个并非主角的角色却产生了很好的管理学借鉴意义，这就是在早期起兵时就跟随刘邦的将领雍齿。在电视剧的第八集中，雍齿受刘邦的命令，留守丰县，但他居然在危急情况下，背叛了刘邦，投降魏军，甚至还用刘邦的家人来作为人质要挟刘邦。不久后，雍齿被击败逃走。但是，随着历史的发展，雍齿最终还是选择投降刘邦，加入了他的阵营。面对这样曾经背叛过自己的员工，作为管理者的刘邦不仅没有加以处罚，还加以重用。到电视剧的第三十八集，由于下属们情绪不稳定、士气下降，在张良的建议下，刘邦甚至第一个将雍齿封侯。这样，其他担心业绩不能得到奖励的员工们全都放了心，他们相互传说：“连雍齿这种人都被宽恕了，我们怎么会得不到奖励呢？”

虽然这是影视剧中的故事，但的确记载于历史典籍中，更是让管理者充分反思的管理案例——在某些特殊情况下，即使曾经做出过违背团队利益事情的员工，只要今天他真正能够为团队发挥努力，能够产生正面作用，那么管理者对他的宽容态度则是必要的，而收获的更是整个团队的人心。

管理不过如此：一念天堂，一念地狱

先来看这样一个影片：

罗生门是日本京都的正南门，一天，云游的僧人、砍柴者和乞丐在这个城门下躲避暴雨，在三个人的闲聊中构成了这样的故事：某日，一个武士带着自己的妻子走到荒山野岭时，遭遇了不测。妻子被人侮辱，而武士则遭到杀害。然而，由于没有明确的证据，被捕获的凶徒、妻子以及由女巫招来的武士亡魂，都在编织不同的说法，这些说法看起来各有各的合理之处，但却相互矛盾，根本无法显示出真相。

实际上，真相当然只有一个，但是，不同的人出于不同的利益目的，站在不同的观察点上，直接导致了他们的记忆有所不同。因此，即使故事中的三个人都没有说谎，他们说出的故事也往往是在美化自己，所谓“一念天堂，一念地狱”就是这样产生的，而所谓罗生门，也正是那道横亘在地狱和天堂之间难以逾越的大门。

比如，凶徒并不否认的确是自己杀死了武士。但是，他口中的武士是手持长剑、和他激战二十多个回合不幸落败而被杀死的好汉，而凶徒自己则是英武过人、胜得光明正大的男子汉，而且，他对于那个女子的“侮辱”根本就不是侮辱，而是因为他英勇的男性气质，使得本来手握短刀的烈性女子化作了绕指柔。依此而言，这并不是什么见不得人的罪行，根本就是一件英雄事迹，让他感到无比的得意和自豪。

但是，在女子看来，事实又不是这样，她说，自己的确被凶徒所侮辱，但原因是因为丈夫的无能加上凶徒的蛮力，加上醒来以后发现丈夫对其遭遇的漠视，而更加感到痛苦万分。为了证明自己的坚贞清白，女子甚至掏出短刀，希望武士杀死自己，但她却因为悲愤过度而昏死过去。等她醒来，发现短刀已经刺入了武士胸口，自己想死却不敢，而凶徒也早已不知去向了。

借助巫女的口，武士的灵魂也说出了自己的记忆：凶徒强暴了妻子之后，妻子居然破罐破摔，不愿重新回到自己身边，反而愿意跟从凶徒，并希望凶徒能够杀死他。就这样，武士感到愤怒不已，而凶徒却对女子的行为表示不齿，将其一把推倒，并追问武士如何处置。武士就这样原谅了凶徒，却忍受不了妻子的背叛，他悲愤地拔出短刀，剖腹而死。

令人意想不到的是，这部影片对小说原著进行了某种程度上的超越，讲述故事的砍柴人加入了自己的版本，在他的记忆中，故事是这样的：女人被侮辱以后，凶徒想带走她，但恶毒的女人却希望两个男人能为她决斗，她会跟随胜利的那个人走。最终，在她的调唆下，两个男人终于开始战斗，最终武士被杀。等凶徒回转身要带走女人时，女人已经跑了。

但是，砍柴人讲述这个故事的动机很快就被身边的人揭穿了：因为他想要隐瞒的是自己拿走那把名贵的短刀的事实。

最终，在路人的叹息中，影片主题昭然若揭："人，只是因为自己诚实。""有软弱的地方，就有谎言。"而云游僧人则说："连人都不能相信，还能信什么？"

在这部名为《罗生门》的电影中，人性的阴暗面如此清晰地呈现出来，所谓的想法、记忆和讲述，实际上只是人们各自的需要而已。

但是，导演黑泽明并没有将此作为电影结局。在影片最后，砍柴人抱起了被遗弃的婴儿缓缓离去，僧人也看到了人性中的光辉一面。

那么，管理实践中，是否存在这种“一念天堂，一念地狱”的情形呢？答案是肯定的。

在企业团队工作中，管理者个人不可能是完全无私的，他也有着自己的个人利益。无论是具体的奖金、提成，还是考核、升职，或者是社会人脉关系、未来可能的发展机会，等等，都必然影响甚至左右管理者的心态和决策。

同样，管理者所领导的团队中，员工也必然有相似的要求。而作为上级的管理者，由于对企业有更多的依赖性，对资本所产生的利润有更多期待，也必然会追求自己的利益。

因此，管理过程中，出现这种“每个人都有利于自己的表述、想法和行动”的“罗生门”情况，也就并不奇怪了。

然而，即使这样的事情能够让人理解甚至同情，但并不代表管理中出现的类似情况就是正确的。当管理者忘记了“天堂”和“地狱”的差别后，目光将完全集中在自我的需要上，那样，管理者的心态就会发生倾斜，从而无法真正站到一个客观公正的角度，为团队考虑、为他人考虑。不少能力优秀的管理者，之所以没有能够持续地在管理岗位上发挥能力、创造业绩，原因也就在此。

实际上，人们的心理状态总是复杂多变的，但需要的是管理者能够做到准确及时地换位思考，改变过于自我的管理风格。例如，在管理过程中，管理者应该和员工之间形成有效沟通，通过准确捕捉员工的情绪变化、心理变化，加上准确感知员工的利益需要，从而对员工进行有针对性的帮助，给予员工精神上的鼓励，并让员工感受到自身的工作价值。反之，如果管理者不愿去理解员工，不能和员工形成互相理解沟通的良好氛围，那么，迟早会出现管理者和员工相互独立、各自为营的情况，这样不仅会影响管理效果，甚至会影响企业的正常发展。

管理过程中的天堂和地狱是各自存在的。在前一种状态中，管理者不仅能够看到自己的需要，更能看到员工的需要；不仅会批评员工，同样也会批评自己；不仅会表扬和确认那些优秀员工的价值，同样也会承认那些普通员工做出的贡献。只有在这样的心态下，管理者才能提高自己的工作价值。反之，管理者如果无法做到这些，就会导致各种意想不到的问题产生和出现。

因此，管理者必须要注意到在管理方法上更加有决定意义的自我心态特点，并利用良好的心态、广泛的观察范围来影响自身的工作。

第四章

团队心理学：管人先管好人心

天才其实并不是大部分管理者的最爱

在动物界，狼群是典型的最具有团队合作精神的动物群体。当狼在围捕猎物时，它们总是会进行具体的分工，无论是体格强壮的还是普通的，都有各自的使命。因此，狼群才能够经常猎捕到丰盛的食物。同狼群相对应的则是草原上奔跑速度最快的动物——羚羊，它们却经常会被狼群捕获，但速度和羚羊相比慢得多的斑马，却很少被狼群捕获。

从这样的事实中，我们可以看出下面的原因：斑马属于群居性动物，它们因为奔跑速度一般、缺乏进攻性武器且同时也缺乏防守的能力，因此选择强化团队合作意识。当斑马遇到危险的时候，经常会采取团结一致的方式来抵抗天敌。它们会围成一个很大的圆圈，族群中最弱小的斑马被包围在中间，而当狼群靠近的时候，那些外围的斑马就会不断地抬起强壮的蹄子，向敌人踢过去。这样，狼群始终难以找到机会对它们下手。就此反观羚羊，它们却没有这种自我保护的团队精神，在狼群来袭的时候，只顾四处奔逃，因此，尽管羚羊有着天才般的奔跑能力，却还是经常成为狼群的美味。

实际上，在管理中，管理者也经常会遇到羚羊类型的员工。这些员工在个人能力的单独比拼中，往往是最为优秀的，而当他们进入团队之后，却常常会表现得较为普通，甚至基于其难以约束和影响的原因，而导致不为管理者所喜爱。

在一个团队中，人才是最宝贵的财富。管理者应该明白，如果员工总是一味地将自己的能力、感受作为中心，那么团队的心智往往就会发生改变。管理者也有必要让员工明白，一个人如果想要获取成功，即便是天才，也应该明确自己如何承担好分工，扮演好团队合作中需要的角色，只有这样，才能发展好整个团队、提升自我。

作为管理者应该考虑：你是否能够管理好那些“天才”的员工？是否真的了解他们的特点，理解他们的需求？在电影《莫扎特传》(Amadeus)中，相信管理者们也能获得对自身管理态度有所裨益的收获。

《莫扎特传》是一部讲述伟大音乐天才莫扎特的艺术人生的电影，在这部电影中，安东尼奥·萨列里扮演了讲述者。萨列里是一位宫廷乐师，而莫扎特的天才令他艳羡、震惊，也招致他的嫉妒，于是，萨列里开始走上计划除掉莫扎特的道路……

本片除了展现莫扎特的一生之外，还刻画了莫扎特和萨列里等平庸作曲家在音乐上的冲突。但更值得管理者关注的是，莫扎特这种类型的天才员工，究竟是否能为管理者所用的问题。

莫扎特在音乐上的能力超凡脱俗，而在个人生活上却是不修边幅、行为乖张。正因为如此，他在家乡萨尔斯堡无法立足。他十六岁时回到家乡萨尔斯堡，在当地主教的宫廷乐队中担任了首席乐师。他虽身为首席乐师但在管理者大主教看来，也不过是一个相当普通的奴才而已，甚至还因为莫扎特有着强烈的荣誉心，而是一个表现糟糕的奴才。莫扎特并不愿意像自己的老师和前辈海顿那样，每天等待在前厅的走廊中，等待主教大人的吩咐，并且随时准备好接受主教的指责、痛骂或者是经济上和荣誉上的惩罚。这当然是因为莫扎特并不是海顿那样的老实员工，在才华横溢的同时，他具有更强大的自尊心、更独立的精神。在1777年的一次旅行演出中，莫扎特开始寻找自己的落脚之处，希望能够离开萨尔斯堡宫廷乐队这样的团队。在这次旅行中，莫扎特和曼海姆市的艺术家平等交往，发现自己应该摆脱那种约束其天才的管理制度。于是，1781 年，莫扎特和主教公开决裂，坚决辞职，成为奥地利历史上第一个主动维护个人尊严而真正反抗和脱离了宫廷和教会的自由艺术家。同年，他开始了自己的自由创作，写出了著名的歌剧《后宫诱逃》，而这部歌剧的上演，也的确让他的收入比之前在萨尔斯堡多得多。

可以设想，如果在今天，真的有老板可以约束住莫扎特这样的天才员工，那么，他能够带给团队的收益是显而易见的——在其创作高峰期，莫扎特的年收入折算成今天的人民币，高达 240 万元，即使是最贫困的那一年，收入也有 30 万元。这样的超强个人能力放进一个团队，如果管理得好，将会爆发出更加惊人的能量。但正因为缺乏良好的管理者，无人可以驾驭住这样的天才，而莫扎特本人也不懂得经营理财，导致他最终在身无分文中走完了自己的艺术人生。

其实，职场中早就有这样的经典名言：一流员工有本事没脾气；二流员工有本事有脾气；三流员工没本事没脾气；末流员工没本事有脾气。现实情况就是，一流员工很难遇上，而有脾气的员工却不少。但一个优秀的团队其标志就是要有大量“有本事”的员工，如何驾驭他们，考验的则是管理者的能力。

对于这种员工，企业管理教练凯瑟琳·格雷厄姆·里维斯将他们称为“高效能”员工，她说：“这样的员工通常有远见、有大局观，他们是思想者，也是独立生产者，他们非常要强，但并不关注过程，只关注结果。一旦他们在脑海中勾勒出自己想要的结果，就会义无反顾地努力实现，从不管这样会给队友们带来什么样的影响。”因此，管理者经常讨厌这种打破规则和不顾团队利益的员工，这些员工经常让人产生其游离于团队之外的感觉。

但是，一旦管理者发现了这些员工的价值，并战胜了自己的“天才讨厌症”，情况就会明显不同。里维斯通过自己的管理实践也表述说：“借助适当的管理，这类员工的价值将不可限量地发挥出来。”

例如，管理者不妨为所有员工包括天才员工在内，建立一套标准的流程和规则。因为如果没有明确的规则，他们就会自己去开创一套规则，而这样的开创将会造成典型的混乱。另外，管理者不能把流程的决定权交给这些员工，就算他们原本有能力这样干，管理者也要学会加以引导和约束。而所有关于工作结构、分配工作任务、工作期限的决定权，最好都交给那些更加有条理、更加尊重规则的团队化员工。

管理者还可以通过向天才员工分配自由任务，来缓解自己对他们的“讨厌”症状。这样，天才员工那种超级自负的性格，将逐渐转变成整个团队的竞争优势，而不再是让管理者为之唉声叹气的“麻烦”。这是因为，这些员工都希望能够施展自己的高超技术，在工作中表现出个人特点，因此，凡是工作项目中需要员工充分发挥个人创意、潜力、想象的部分，都应该放手交给他们来负责。另外，管理者还应该通过将天才员工和工作捆绑在一起来实现对他们的良性管理，而不至于因为对他们的厌烦而影响他们的能力发挥。例如，在对天才员工错误的心理看法影响下，或者在日常工作的心理影响下，管理者很容易说：“团队必须在 ×× 日期得到 ××× 的工作结果。”但这样说，往往会造成天才员工缺乏足够的动力去完成，比较好的说法是突出天才员工个人能力的部分：“为了确保团队实现 ××× 的工作结果，你必须帮助我们做到 ×××。”并不需要告诉他们应该怎样做，应该相信给了他们动力之后，他们自己将会努力找到最好的解决办法。

当然，管理者除了应该克服自己内心的讨厌症状之外，还应该去帮助那些多少有些骄傲的天才员工克服其的缺点。比如，坐下来和他们开诚布公地谈话，比较直接地展现出问题所在，并询问他们的看法。这样，对天才员工的改变就会一点点实现。同时，管理者最好有能力经常安排员工一些新的任务、新的问题来解决，这样，才会让他们始终能够对工作充满热情。

管理者对天才型员工“讨厌”，是正常的心理现象。然而，一名优秀的管理者，没有理由任由这种不满的心理感受滋长进而影响到管理效益。实际上，寻求方法改变这样的心理感受并获得收益，最后你会发现，天才型员工做自己的下属，也并没有想象中的那么问题重重。

为什么没有明显特长的员工反而是“香饽饽”

企业管理中经常有这样的现象：有一类员工，他们无论在策划能力、执行能力、监管能力或者沟通能力上都不怎么突出，甚至比平均水平还要低下。但是，这样的员工却在管理者的眼中成了“香饽饽”。这难道真的是因为管理者的人才取舍有问题吗？答案并非如此。

事实上，评论一个人是否优秀，并非只是像教师测试学生那样去用分数进行简单的衡量。有些人仅仅是在某些特殊方面具有很高的个人水准，其体现出来的能力也相当出众，但是，这并不代表其综合能力就必然优秀。更加现实的情况则是，即使综合能力优秀的人才，也并不一定就能满足管理者的心理需求。

李嘉诚无疑是成功的管理者，但是在他表述自己对人才心理需求的看法时，他认为自己并不是神仙，更没有三头六臂，因此，他需要的就是那些可以帮助他做事并协调组织的人。这就很明确地指出，管理者并不完全奢求员工是否有强大的综合能力，他们更需要考虑的是心理上的这种需求——员工有没有和团队更亲密、更合作的能力。

即使并不是管理者，职场人近年来听到的“TEAM WORK”也应该不少，这个单词的意思是团队合作。这种文化的兴起，决定了在任何一种管理风格下，或者是在任何背景的企业中，管理者的心态都会向团队合作能力上倾斜。管理者更加重视的，首先是一个人的团队合作能力，而并非其他。因此，了解这样的管理心理特征，无论对于管理者本人还是员工，都对其工作有莫大的裨益。

对于管理者来说，应该进一步正视自己的这种心理，并将其上升成为对员工的一种普遍性要求，即希望员工能在拥有特长之前，首先拥有和团队成员密切合作的能力。这样，管理者才会有具体的方向去要求员工成长，并发挥集体力量。

同时，还应该让员工了解管理者的这种心理，让员工们知道，注重观察、加强自己在团队协作沟通能力上的培养和成长，而不是总以自己的特长感到自满，反而会得到管理者的重视。

还是以李嘉诚为例。在长江实业集团中，曾经有位英国员工麦里斯，他从剑桥大学毕业之后来到香港，加入了李嘉诚旗下的公司。当时，麦里斯虽然是名校的毕业生，但在业务能力上却并不突出，尤其是文化差距使其不懂得如何进行东方文化下的企业管理。但是，李嘉诚还是对他非常信任并予以重用。其中的主要原因，就在于麦里斯表现出了能让李嘉诚心理获得满足的特点，即通过和整个团队合作来完成任务，而不是只想着如何去发挥个人实力，让自己得到展现。不久后，由于麦里斯通过工作锻炼有了具体的业绩和长足的进步，李嘉诚将他提升为整个集团的执行董事。实际上，在此之前，李嘉诚手下的人才员工很多，但真正摸准了他心理需求的还是麦里斯。

正如心理学家们分析的那样，人类合作的重要性，在管理者的心理需求上体现得更加明显。作为管理者，他们比起团队中的普通员工更希望看见整个团队充满合作精神和团队意识。因此，正是那些善于处理人际关系和寻求合作的人，才会是老板需要的人才。而这种人又往往不一定有着高学历、高成绩，他们更多的是希望通过整合所有人的力量而提升自己。

因此，管理者对团队精神的强调，还应该包括引导员工对身边所有人的力量的看法和整合，只有这样，他们个人和整个团队才能取得成功。在实际的企业管理上，这也是一个管理者良好运用管理心理进行管理工作的最佳体现。

实际上，这样的管理心理特点，对于管理者自己来说也有着重要的指导作用。在一个团队集体中，最重要的往往就是两种人：第一种是能够用业务特长为团队打开思路和成绩的佼佼者；第二种就是能够正确挑选和运用人才的管理者。在这两种人之中，有一个决定他们能否获得成功的共同特点，就是合作能力。这是因为，如果第一种人能够具备合作能力，将会让整个团队价值非凡，而本身既擅长管理又能够了解团队合作重要性的管理者，则更是团队所欣赏和需要的领头人。因此，一个管理者自己不应该是特长突出而不懂合作的人，同样，一个管理者也不应该看重和挑选那些只有特长而不懂合作的人。

《西游记》作为中国古典文学名著，曾经多次被改编成电视剧和动画片，但其中管理者的心理似乎并没有被人们重视。

在《西游记》中，最受到普通人心理欢迎的无疑是孙悟空，因为他能力最强，特长最多，付出看起来也最多；而最不受欢迎的则是猪八戒，他不仅没有什么特长，同时还毛病百出、好吃懒做、贪酒好色、喜欢逃避；最让人缺乏印象的则是沙僧，在电视剧中除了那几句仅有的台词和帮忙式样的战斗，几乎根本没有什么存在感；而唐僧，在普通人的印象中，则更是只会高呼“徒儿救我”的懦弱者和“女施主放贫僧西去”的无趣者。

但是，真正的管理者并不会这样看待问题，在他们眼中，自己应该成为的管理角色是唐僧，而自己最需要的员工也是唐僧。

这是因为，管理者明白，一旦成为管理者，喜欢善于整合团队的员工，是正常的心理需求，同时也反映了整个团队和管理的利益趋势。这就决定了，管理者自己首先要忘记特长而专注于合作意识，同样，管理者寻找和看重的员工，也要具备这样的特点。

在社会的不断发展下，个人英雄主义已经越来越如同神话般不可实现，所有人都必须清楚地认识到，接受合作、喜爱合作和擅长合作将是未来团队管理过程中的主旋律。因此，无论你现在是管理者还是员工，请重视那些貌似普通但却总是得到团队欢迎的员工，他们很可能才是真正符合心理学并能够带来团队长远优势的重要人物。

兔子也能打败大灰狼

当管理者观察整个团队的时候，他会确认其中每个成员都是这个团队不能缺少的部分。因此，在管理者看来，即使其中的某些成员能力非常微弱，但只要通过他们各自付出的努力，就会让团队变得更加强大。

实际上，瑞士心理学家让·皮亚杰曾经对这种心理学表现进行过研究，在他担任联合国教科文组织成员时，曾经对世界各国的教育问题进行过综合性的研究、分析和总结，并得出这样的结论：不要因为团队中有某些力量较为弱小的成员，就忽视他们的感受，减少对他们的期待、关心和教育。在未来社会中，所有人都必须能适应团队、讲究团队的合作。因此，这些看起来能力弱小的孩子，也都有他们各自的位置，这些位置将最终在团队中得到整合，并从中形成不可或缺的力量。

因此，作为管理者，更应该学会尊重和看重那些貌不惊人的员工，很可能今天他让你感到可有可无，但经过你的管理引导后，明天就能发挥重要的作用。

为此，皮亚杰教授还用下面的动物寓言来引导管理者如何看待自己团队中的弱小个体：

在森林中，曾经生活着一群快乐的动物，有绵羊、马、牛、驴子、猪和兔子。这些动物相互关照、相互帮助，长时间地和平生活在一起，当它们发现新鲜的草料时，也会共同分享。然而，这些动物并不知道，在森林里，还生活着一只狼，它经常垂涎不已地偷偷观察这些动物，希望能捉到它们以满足口腹之欲。

有一天，羊脱离群体，在山坡上独自吃草、玩耍，这下狼终于找到了机会，忽然从树林中窜了出来，向羊袭击。羊十分害怕，拼命反抗，然后大声呼救。就这样，首先赶来的是弱小的兔子，它远远看见这一幕，就连忙用最快的速度跑到了河边，告诉同伴们这危险的讯号。接着，所有动物都在兔子的带领下跑向草地，此时，羊已经快没有抵抗的力气了。于是，驴子先是远远地大吼一声，将狼吓住；然后，马猛冲过去，一脚踢到了狼的脑袋上，将它踢得顿时眼冒金星；随后，牛用它锋利的牛角刺破狼的肚子，狼肚子上立刻鲜血直流；最后，猪猛地用它的长嘴将狼拱下了草地斜坡，翻滚进树丛。就这样，它们打败了大灰狼。

在这个过程中，兔子是最弱小的一个，但我们依然可以说，如果没有兔子，羊或许早就被狼吃掉了。这是因为，兔子虽然弱小，但依然在团队合作中发挥了重要的作用，即使它看起来力量最为微弱，但就是在那样的关键时刻，正是这最微弱的动物帮助了羊，也帮助了团队。

因此，管理者应该用正确的心态去评价每个员工的作用，而不能改变这种应有的管理心态。有的管理者只看到工作的结果，或者只能看到员工在短期工作中发挥的短期效能，无法看到整个团队合作的不同可能性。这样的管理者产生了管理心态上的偏差，他们只重视那些实力强、工作能力强、工作经验丰富的员工，而对于缺乏能力、工作经验比较浅薄的员工则予以轻视。可想而知，那些员工犹如故事中的兔子一样，如果在平时所得到的待遇总是冷漠和忽视，那么，兔子在关键时刻也不会发挥自己的特长来加入整个团队对所有成员的利益予以保护。

管理者应该从自身心理和员工心理两方面对团队进行管理，不应该戴上过于现实的有色眼镜看待某些成员，而应该对所有员工一视同仁，看到他们的潜力和价值。

电影《十一罗汉》(Ocean's Eleven)是一部非常精彩的犯罪电影。大贼头丹尼欧逊，是一个相当喜欢挑战的男人。当他从新泽西的监狱获得24小时假释之后，他又开始制订下一个“管理”计划。这个计划的原则是，不去伤害任何人、不伤及无辜和不做蚀本的买卖——目标定在最大的赌场中。

为了实现自己的计划，丹尼精心挑选了11个不同类型、不同性格和不同能力的成员。其中有赌博出老千的专家、经验丰富的扒手、破坏天才、军火专家、汽车专家、诈骗犯、杂技演员、重量级拳击冠军等。而每一个人都有不同的分工，有人负责整个计划的装备供应，有人负责运用灵活的手指去偷窃赌客钱包制造混乱，等等。这样，这个看起来由三教九流、乱七八糟的人组成的简直是一群乌合之众的团队，在丹尼的管理之下，成功地消除了彼此之间的误解，为着高达1.5亿美元的目标而形成一个稳定的团队，并充分发挥了其中每个人的能力——即使看起来根本不入流的能力——最终，幸运女神似乎也站到了团队一面，他们成功地实施了这桩赌场大劫案。

原来，军火专家装作军火商，将炸药样品寄存在酒店，保存在金库中；杂技演员躲藏在伪造的运钞车中，潜入金库；而小偷则绕过了机关，和杂技演员里应外合炸掉大门；与此同时，职业赌徒则装作犯心脏病，吸引了所有的保安；破坏专家利用技术改造了监视器画面，将伪装成钱的废纸运到机场炸毁。然后,其他成员潜入金库,和里面的三个人会合偷走所有钞票。

当然，电影永远是电影，这种“劫富济贫”的犯罪故事既不应该歌颂、赞许，更不可能发生在现实生活中。但是，在观影之余，也或多或少对观影者有所启示。同森林中的动物一样，十一罗汉中的任何一个人都不可能独自偷走赌场的1.5亿美元。正是由于丹尼这样胆大包天而又心细如发的管理者，发现了他们每个人的内在力量，并用团队精神将他们融合在了一起。因此，在十一罗汉中，没有所谓的个人英雄主义，也没有国产电视剧中那种蠢笨如猪的“敌人”，一切都是依靠管理者正确的心态引领来发挥出每个员工的能力。这说明,管理者永远不应该轻视团队中所谓的“短板”，反而应该用强大的团队精神来引导和培训他们。

管理学大师拿破仑·希尔曾经观察过许多成功的大型企业，他得出的结论是：一个团队的内部优势越是能够互补，就越是能够在合作方面彰显出其内部的风采和力量。团队合作应该得到充分的强调，在这样强调的基础上，强调个体才会变得有意义和有可能。尤其对于管理者来说，只有认识到你的团队需要英雄但不需要个人英雄主义，需要强者但不可能完全无视弱者时，才能让团队中的成员在他们不同的位置上发挥不同的作用。这才是管理者应该坚持的团队精神和管理原则。

一张驴皮就能把马压死

在物理学中，一个关于力的合成性原理是这样表述的：当几个不同大小的力能够在同一个方向上作用的时候，它们产生的合力将会是最大的，相反，当它们向不同的方向发展后，其产生的合力则是最小的。

这样的原理，同样适用于管理者的心态。在管理工作中，管理者是否能够具备正确的心态来看待员工、引导员工，帮助员工认清自身价值、正确处理团队中的矛盾，取决于他们是否能够以平和的心态去协调和引导员工的力量。因此，即使管理者是团队中综合能力最强的人，但如果他们没有良好的心理状态，也会被团队抛弃乃至被淘汰。

在心理学上，这种原理被准确地表现在心理学家的论述中，这些论述指出，每个人的内心都是将自己看作重点的，但是，当他们面对一个棘手问题的时候，如果管理者能够用正确的心理去影响他们，这些成员就会在管理者的引导下形成团结一致的心理，这样，整个团队面临的棘手问题就会得到解决。

有一个寓言展现了这种心理的重要性：

某天，一个农夫牵着一头驴子和一匹健壮的马赶集。驴子身上驮着不少农夫的物品——沉重的粮食、繁杂的工具和包起的衣服等。然而，马却得到农夫的优待，什么都没有背负。这样走了一段时间后，驴子感到有些疲惫，夏日炎炎照晒在头顶，让它的体力严重透支。于是，驴子喘着粗气对马说：“兄弟，你看我快要倒下了，能帮我背一下东西吗？”但是，马看了一眼驴子，懒洋洋地说："驴弟弟，不好意思，我也有很重要的任务，一会儿我还要背主人过河呢。"

农夫虽然听见了它们俩的对话，却什么都没说，继续驱赶着驴子和马向前走去。驴子也不再多说什么，不断赶路，过了一会儿，它便倒在地上累死了。吃惊的农夫只好将驴子背的所有东西都压到了马背上，外加剥下的驴皮。马感到十分后悔，说："我为什么不答应驴子的请求？现在我不但背负了所有东西，还要加上一张厚重的驴皮！"就这样，它只好继续缓缓前行，最终，也像驴子那样累死在路上。没办法，农夫只好一个人将所有东西背到了目的地，差点累昏过去。

在这个故事中，马和驴子在同一个团队中，它们之间没有得到妥善的协调，难以进行利益的准确分配，最终，驴子因为过多的压力而被累死，马则被多加了一张驴皮的所有重物压死。与其说这是因为驴和马之间不同目标而产生的利益分歧，不如说这是因为管理者缺乏正确的管理心理指导，而忽视了对整个团队的引导和疏通所造成的不良后果。

表面上看，马是因为多了一张驴皮而倒下，但实际上却是因为它不懂得团队合作，同时也没有得到管理者的指导，从而导致驴子的死亡，最终它也遭遇了和驴子一样的命运。归根结底，还是因为管理者一开始就没有调整好员工之间的利益分配、工作职责——在管理者看来，马比驴子在实力、外形和名气上都更加优越，因此它理所当然地应该承担更"高级"的任务，而驴子只能承担那些"杂活"。在这样的错误心理影响下，驴子和马本来可能形成的一致性心理基础就荡然无存了，由于有着管理者的默许为支持，马理所当然地认为自己和驴子之间的利益是相互分开的，并非在同一个团队中，也没有必要进行相互帮助和合作。

管理者应该看到，在自己管理的团队中，不少看起来聪明、能力强的员工总是看重自身的利益，在很多事情上，当他们面对问题和压力的时候，总是认为事情和自己无关，不需要去帮助其他员工。正是这样的错误心态，导致他们不愿意进行积极的团队合作。

然而，事实证明，在任何团队中，只有真正的共同合作、相互协助，才能帮助员工们实现各自的利益和价值。这就要求管理者面对员工的时候，无论他们是否个人成绩突出、有着优异的表现，还是个人能力一般、没有夺目的业绩，都需要将他们融合到同一种利益中去。如果没有这种利益一致的心理层面的渲染，管理者就无法让团队真正合作起来，那么，他就会像愚笨的农夫一样，只能看到自己手下的驴子和马相继倒下，最终团队只剩下他孤身一人。与之相反，优秀的管理者懂得整个团队是个统一集体的道理，不会对其中某些成员另眼相看而在分配任务上倾斜于关照他们，而对另一些成员则无所谓其感受和利益，而是任意驱使。

1999 年，张艺谋导演的电影《一个都不能少》，获得了第 56 届威尼斯国际电影节最高奖金狮奖、意大利《电影杂志》最佳影片奖等一系列荣誉，影片起用的演员大多数都是非职业演员，如魏敏芝。这部电影中传递的团队观念以及“人人平等”的管理心理，正是管理者在打造自身工作心理和团队工作心理中所需要重视的。

这部影片讲述的是水泉小学的高老师请假回家，去看望病重的家人。于是，村长找到十三岁的魏敏芝，希望她能够代一个月课。虽然高老师不同意十三岁的小魏代课，但村长说，找到这个人就不容易了，先让她把娃娃们看住，凑合一个月吧。

高老师临走前千叮咛万嘱咐，让魏敏芝一定要看住学生，“一个都不能少”。原来，水泉小学有三四十个学生，但每年都有学生辍学，现在，只剩下 28 个了。于是，魏敏芝整天让学生抄写课本，而且一定会每天清点人数，不管什么人都不能把学生带走，甚至连村长都不行。而学生们看魏敏芝年纪小，不会上课，就更加肆无忌惮，调皮的学生干脆跟她捣乱，弄得教室里面乱作一团。对此魏敏芝却什么都不问，只是专心致志地守在教室门口，不到时间不允许任何学生离开。

不久后，十岁的学生张慧科，因为家里欠债无法偿还，只能辍学去城里打工。于是，魏敏芝按照高老师临走前的吩咐，决定把张慧科找回来。她千方百计地打听到张慧科在城里的住处，然后单身一人踏上了进城之路。就这样，魏敏芝在茫茫人海中不断寻找，终于在电视台台长的帮助下找到了张慧科，并得到了好心人的帮助，获得了许多文具……

这部影片所选用的演员大都是普通的中小学教师和学生，她们并没有受过专业的影视表演培训，但是，却用他们真诚而质朴的表演带给观众一个感人的故事。这部电影用纪录片式样的风格驾驭着整部电影的美学，并带给人们不断的思索。

团队管理者也同样如此，看起来，领导者是团队的核心，但是，这样的领导者并没有资格去决定谁可以多做一点、谁可以少做一点，正如同魏敏芝无法去作出决定让谁可以留下、谁可以辍学一样。她唯一能做的就是为了整个班集体的利益，不让一个学生掉队，并帮助这个集体。魏敏芝只是一名代课老师，在得知张慧科失学后却不顾一切地寻找他 。有人说，她代课的目的不是培育英才、报效祖国，只是为了 50 块钱的工资。而她之所以坚持“一个都不能少”，也只是为了额外 10 块钱的赏钱。但是忘了，魏敏芝是那个真正努力、用心、吃尽苦头找到张慧科的人，她做到了！她知道有个孩子想要上学，她不应该轻言放弃，让他掉队。同理，身为管理者，为了整个团队的利益也不能轻言放弃。若想让团队发挥最大合力，首先要看清员工的心理需要，抓住他们荣辱与共的心理，才能培养自身正确的管理心理，并凝聚所有人的力量，形成绝对的团队优势，解决问题和矛盾，从而更好地领导整个团队走向成功。

团队管理究竟管什么

心理学家曾经这样指出：一个团队的合作精神，并非来自管理者盲目地组织工作，而是来自整个团队的科学分工。只有通过管理者设计的有效分工，才能让团队中的每个成员都发挥出他们的最大潜力。这样，在心理上，也能够让团队中的每个员工更好地发现自身的使命感，从而保证他们向胜利靠近。

从上述观点来看，团队管理的两个要点就是：科学地分工；通过合理分工让团队成员更有使命感，从而更好地把握员工心理，二者相辅相成。在现实中，常常会有一个难以做到却必须完成的项目摆在团队面前。由于执行难度加大，在员工看来，领导的分工似乎是在“强人所难”。这时，领导者就要做好员工的心理辅导，让员工认可自己的分工以及这样做的意义。做到这两点，管理者才能最大限度地有效分工，同时帮助员工实现自身价值。

《拯救大兵瑞恩》(Saving Private Ryan)，就是这样一部帮助我们认识究竟什么才是团队管理的电影。这部电影以1944年6月6日的诺曼底登陆为背景，当时，美国爱荷华州的瑞恩太太已有三个儿子先后在第二次世界大战欧洲战场上为国捐躯，小儿子瑞恩又在前线被敌军包围，失去了和部队的联系，下落不明。为了防止后方舆论产生厌战情绪，美军决定派出一支由约翰·米勒上尉带领的小分队深入敌后，拯救瑞恩。

然而，米勒上尉接到这个任务之后却产生了怀疑的心理。寻找这样一个人就像海底捞针，而且敌方危险重重，冒着八个人的生命危险去营救一个可能早已死亡的士兵，这是否有意义？于是，这个松散的团队带着这样的困惑并不情愿地上路了。其中，军师豪沃思是米勒上尉的助手；下士额普哈姆，则是一个并没有经历过战争的读书人，只知道纸上谈兵；军医迪克·韦德则相当富有同情心。另外四个人虽然都是普通士兵，但却有着各自的性格和特点：纽约人鲁宾最有个性，他对这次行动的愤慨和质疑溢于言表，让米勒上尉非常不爽；卡帕佐有一张无法停下的嘴；尼斯非常有正义感，他对德国纳粹对犹太人做出的罪恶行径义愤填膺；杰克逊来自南方，是个真正的教徒，乃至在开枪前都要默念“上帝请赐予我力量”。显然，这样的团队既不好分工，也不好管理。但是，米勒上尉还是渐渐地带领这个团队走向成熟。

比如，当一开始米勒想要带领八个人去救瑞恩时，整个团队都在质疑这样的分工——为什么要用八个人的命去“换”瑞恩？当分工被质疑，管理者首先要想办法做好整个团队的思想工作。米勒是这样做思想工作的。

他说：“作为士兵，这是我们的责任，我们全都要服从命令。每个人都有责任，你妈妈一样有她的责任！”

士兵问道：“难道一个送死的差事也包括？”

米勒说：“那才更加要服从。”

有士兵表示，自己怀疑这样的服从。但米勒解释说：“（如果是我），我会说，这个任务简直太好了，其意义重大，值得我们全力以赴。而且还要表示，我们对瑞恩的妈妈感到深切地同情。为了慰藉她，我愿意带上所有队员，宁可牺牲生命，包括我的命，当然也包括你和你的命。”

在这样的对话中，管理者坚决没有向员工发牢骚，而是向员工指出任务的重要意义。这样，从心理上，员工会渐渐找到心理平衡，理解并认可管理者分工的合理性，而管理者也会站在制高点，获得了带领团队走向成功的精神基础。试想，如果分工受阻，任务难以执行，团队管理者就不知道如何进行管理，甚至在心理上失去了自己的立足之地，没有坚守的心理底线，那么，整个队伍也就不会产生任何凝聚力，员工心理也会形成一盘散沙。

当影片进展到一半时，队员卡帕佐牺牲了，而在随之进行的夜间休整时，米勒再次展现出他强大的心理平复技巧。当所有人无法入睡时，他采用沉痛的表白方式来展示自己对整个队伍损失了一名成员的感慨和悲哀。

米勒说道："每当一个弟兄死去，我就不得不对自己说，这样其实是可以拯救2个、3个、4个或者10条人命，甚至是100条。你们知道我在登陆指挥时有多少部下阵亡吗？ 94个。但那就代表着我救了10倍那么多的人吗？要不就是加倍？事情就是这么简单，就这样才可以将任务与下属的阵亡之间作出合理的选择。"

一个成员反过来安慰他说："我们这次的任务就是救人。"

米勒说："这个瑞恩最好值得我们去救。他回家后最好能行医救人，或者发明长寿灯泡什么的。因为，10个瑞恩也抵不了一个卡帕佐。"

作为团队的管理者，米勒清楚地了解员工的心理想法，于是，他首先做出积极的自我反省，而不是在狭窄自我感受中延续自己的片面心理。由于他的自我反省顺应了绝大多数团队成员的心理，得到了这些成员的认同，并对管理者人格和精神进行了再一次的彰显。这样，领导魅力得到了坚决的树立和打造。

实际上，管理者的魅力并不是天生的，任何管理者都需要通过积极的自我反省来赢得员工在心理上的认可，并表现出对管理者在人格和精神上的再次认同。只有通过这样的管理手段，进行有计划和有意识的培养才能够打造出耀人的领导魅力。

其实，所谓管理，就是通过管理者的有效运作，实现人力资源的最佳组合。通过设计和达成最佳的合作方案，管理者才能带领团队获得成功，并真正体现出团队成员之间相互合作的成果，激励他们发挥出各自的智慧。

因此，管理者要通过正确认识管理的本质，正确看待科学合理的分工，并运用正确的方法来让员工从心理上服从这样的分工。在电影《拯救大兵瑞恩》中，管理者米勒正是通过不同的方法来树立自己的权威和魅力，做到了最大限度地激活团队不同成员的智慧和潜力。同样，在一个企业和公司中，这也是管理者所应该努力得到的结果。当然，在团队中，只有管理者个人努力来使分工趋于合理还是不够的，更多需要团队内部的有效合作，因为对于管理心理来说，分工和合作是相辅相成的。管理者在工作中，既要看到管理是一种对分工的安排，同时也要有正确的心理态度，清楚地意识到团队内部共同合作的意义和价值。通过管理者的努力，让每个员工都能在自己的岗位上，保持认真负责的工作态度，让整个团队成员保持充分默契的合作，团队管理才会出成效。

管理者必须充分调整心理状态，充分认识到在激烈的市场竞争环境中，只有自己拥有了对团队管理的正确看法和态度，才能正确定义管理的本质——有效和科学的分工与合作。这样，团队才能有充足的力量，应付发展中各种各样的变化和问题。通过对管理心理认识的调整，团队成员也会在管理者的带动下各司其职，担负更多的责任并完成更多的业绩。

天堂在哪儿、地狱在哪儿，关键在于你的心

法国心理学家亨利·让·帕斯卡尔曾经提出，只要一个人的内心首先找到一个固定不变的目标，那么，他的行动就会因为这样的目标而变得更加积极和主动。因此，即使对于普通人来说，他们想要获得怎样的生活状态和行动目的，也要看他们选择怎样的心态。当然，在管理工作中，一个管理者也不应该仅仅只是想着怎样通过管理来获取自身的荣誉和利益。如果他的心理范围如此狭小，那么，他的管理行动也就只能考虑个人范围，以其个人为中心。相反，管理者应该学会从更高的境界来看待工作，用更长远的眼光来看待他的团队，从大局观来考虑工作整体，全面地去思考问题。尤其是在引导整个团队工作中，这样的管理者才会以正确的思想和心态来指挥团队的行动，从而密切和团队成员合作，最终实现成功。

有这样一个故事，生动地说明了一个人应该如何调整自己的心态和处事方式。曾经有一个年轻人和天使讨论什么是天堂、什么是地狱。于是，天使将他带到了两个地方。在第一个地方，年轻人看到所有人围着一个巨大的铁锅，铁锅里面食物丰盛，但围坐在锅边的那些人却面黄肌瘦，令人同情。在他们的手中，只有一把很长的勺子，他们虽然能用勺子舀起食物，却没有办法将食物送进自己口中。

第二个地方，情况也是如此，但唯一不同的是，这里的每个人都精神饱满、心宽体胖，非常轻松而幸福。

对此，年轻人疑惑不解，但天使却微笑着告诉他，其实，这并没有什

么可疑惑的，只是因为后一个地方的人们会将食物送到对面那个人的口中，他们明白怎样喂饱对方。

实际上，怎样想是一回事，而怎样做又是另一回事。只有当明白了怎样去帮助别人时，团队中的每个人才会取得成功，并感到更加幸福。而管理者所要扮演的角色，就是向员工指出如何去帮助对方的钥匙人物。

在团队管理的过程中，面对同样的团队成员、团队环境和团队条件，不同的管理者往往会作出不同的选择，这也就决定了有些管理者能够带领团队走向成功的天堂，而有些管理者只能带领团队走进失败的地狱。由此我们加以总结：一个管理者想要带领团队走向天堂，就要调整好自己的心态，正确面对员工们自私的一面，引导他们走向合作的共同发展的道路；正确地面对团队中旧有的习惯传统，并利用员工的变化来对之进行改变。如果管理者自己都不懂得如何带领他们追求合作、寻求共赢，那么就只能和他们一起挣扎在地狱之中。

更重要的是，在团队管理中，管理者自己也要有这样的心理特点：没有任何一个团队，能够在保持员工个人的陈旧思维方式的情况下而得到所谓的合作。这就是说，只有管理者首先用自己的创新思维来带动员工的心理变化，才能用真正的心理影响和渗透来调整团队的心理，让他们学会重新审视自己和团队的关系，寻找发挥个人能力和研究团队合作的可能。

例如，在实际管理工作中，不同的部门有着不同的工作资源，需要完成各自不同的任务，然而，有的部门完成得相当成功，却浪费了不少资源；有的部门却因为资源不够，而完成得并不理想。实际上，这正是因为缺乏心理上的引导，致使这些部门的员工只是将注意力集中在自己的利益上，只关注如何用传统的、小范围内的方法来调动资源、完成任务。此时，管理者一旦给他们引入新的思考方式，采取新的心理影响，那么他们就很容易得到更多的方法和渠道来展开合作。

因此，这就需要管理者去积极主动地影响员工的心理，抓住他们求新求变和跟随大多数人的心理，促使他们能够因为互相影响的效应而展开对创新合作模式的更多的思考、探寻，最终在行动上让他们做到充分团结合作。而管理者如果忘记这样的职责，只关注对个体员工的培养或者不能激发员工创新合作的思维，就会导致管理体系停步不前。

《死亡诗社》(Dead Poets Society)是一部讲述教师对学生如何进行改变的电影，这部电影对管理者如何思考和行动有着重要的参考意义。

1959年，威尔顿预备学院还在采用他们那种传统沉重的教育风格，学生根本不能形成有效的团队，他们只能一个个单独地面对教育，缺少交流，不仅在学习上缺少生机、单调刻板，同时在思想和学业上也没有进步。

但是，一位新教师来到了学院，用他积极的管理心态和良好的管理方法，为整个学院带来了生机。

在这位教师的课堂上，他向学生介绍了许多具备思想深度的诗歌作品，逐渐形成了有效的团队文化；他提倡自由发散的思维体系，使学生改变过去刻板单调的思维模式，产生对团队合作和交流沟通的渴求……

例如，他对学生们说过这样的话："一旦觉得自己懂得，就必须换一种角度来看。这可能显得有些荒唐，或者愚蠢，但必须试一下。"这是在改变团队中成员的认识方法，引导他们学会从更多角度看待事物，看待周边环境。

"你们必须努力寻找自己的声音，因为你越迟开始寻找，找到的可能性就越小。"这是向团队成员们强调，必须要想办法让自己的价值和意义在整个团队活动中体现出来。

"梭罗说过'大多数人都生活在平静的绝望中'。别陷入这种境地，冲出来。别像老鼠逃跑似的，看看你的周围，要敢于开拓自己的天地。"无疑，这是鼓励团队成员敢于创新、敢于改变自己。

渐渐地，越来越多的学生融入“死亡诗社”这个学生社团中，事实上，这个团队真正改变了学校的学习气氛，也改变了团队中每个成员的命运。

对于管理者来说，必须要懂得，你在团队中的心理和行动，将会影响到团队本身的状态，而团队则会直接改变员工。因此，管理者应该学会对整个团队的气氛负责，采用积极的心态和行动对之进行创造、选择和改变，而不应该任由团队自我发展——无论这种发展动力是来自于传统，还是来自于其中每个员工的自我力量。

管理者应该比任何员工都更快地明白带领整体团队出发所要走向的目标，要通过自我教育和观察，发现自己能带给员工怎样的思考方式、工作习惯，而并非只是将管理工作看成监督他们的规矩。只有这样，管理者才能达到更高的自我要求，才能掌控更大的团队。

第五章
沟通心理学：交流用心不用嘴

奥巴马演讲风靡全球的秘密

《国王的演讲》（The King's Speech）是一部根据真实的历史人物故事改编的电影，这部以英国乔治六世国王为主角的故事片，获得了2011年奥斯卡电影四项大奖，堪称当年奥斯卡的大赢家。那么，为什么这么一部没有俊男美女，也没有火爆动作的影片能够在短短时间内抓住观众和评委的心？理由很简单，它讲述的是关于沟通的艺术。

沟通是需要技巧的。无论是国王这样的管理者必须面对的政治压力，还是部门经理这样的管理者所面对的利益驱动，好的沟通技巧，都意味着能够带来可能的有效管理和互相信任。同时，在沟通中，和他人寻找共鸣，也是成功管理最重要的切入点。

这是因为，只有当管理者通过沟通，找到共同切入点之后，沟通的效果才会明显地作用于对方的心理上。而一般情况下，所谓共同点，就是指两个人对同一件事情的共同看法、兴趣、心得体会和利益等。当双方之间的共同点逐渐变多时，沟通就会变得更加顺畅，进而让双方发现彼此更多的共同点。因此，对于管理者来说，他们必须利用自己的沟通手段，突破其他人的心理防线，进入其的心理世界，从而让管理进行得更加扎实和顺畅。

不仅如此，在任何规模、任何性质的团队中，想要让管理能够顺畅开展，都需要不同的成员能够按照同样的目标进行工作。如果管理者真正能够从心理上意识到沟通的重要性，并反过来用沟通协调整个团队的心理动态，那么，就具备了建立共同点的关键因素，从而让每个人都能在沟通中建立起良性的合作关系。

正因如此，历史上的乔治国王，才会如此重视他的演讲课，《国王的演讲》才会成为一部艺术水准和电影内容同时打动观众的电影。

1925 年，艾伯特王子（未来的乔治六世）被父王乔治五世要求在大英帝国展览会上致辞，然而，艾伯特结结巴巴的致辞，让人们无比失望。直到 1934 年圣诞节，乔治五世向整个帝国发表广播讲话，在讲话之后，他鼓励艾伯特也来试读演讲稿，但艾伯特还是无法念完这样的稿子。

在父王失望的眼神中，艾伯特突然想起了医生让他戴着耳机边听音乐边朗读的录音胶片，在听不到自己声音的情况下，他的朗读坚定流畅。于是，艾伯特重新开始接受治疗，一点点地从呼吸、运动、嘴部肌肉、舌头力量等方面进行机械式的训练。同时，还与医生进行了心理上的沟通，加深了双方之间的信任和认同，也为自己解开了许多心里的结。经过一点一滴的艰苦训练，终于有了效果。尽管他的演讲并不完美，但进步是令人吃惊的。1936 年，乔治五世去世，大卫王子本应继承王位，却因为爱上了辛普森夫人而声明主动放弃王位，成为温莎公爵。这样国王的重任就落在了艾伯特的肩膀上。此时，欧陆战云密布，大战一触即发。而国王艾伯特在医生的“刺激”训练下，终于发表出了流畅、英勇和豪迈的演讲之声，振奋了整个帝国的士气。

1944 年，乔治六世授予他的语言医生罗格皇家维多利亚勋章，并在生命的岁月中永远和这位帮助他克服沟通障碍的人保持着良好的朋友关系。

的确，沟通是重要的！之所以如此重要，是因为管理者和被管理者之间需要通过沟通获得认同，而彼此认同是走向成功的基础。因此，沟通关系也大多从同步开始进行。那些沟通效果好的管理者，能很快让员工的心理实现从同步到认同再到进一步同步的转变。

可以说，同步是沟通的重要基础，也是沟通双方经过相互的认同之后，确立了双方的共同目标而形成的相互联系和呼应。只有通过良好的沟通，管理者和员工之间的良性关系才能得到积极有效的联系。

优秀的管理者都会重视沟通能力，并通过对沟通对象心理的把握，提升自己的沟通效率，并获得更好的管理效果。在这方面，现任美国总统奥巴马展现了其杰出的沟通能力，得到了人们的喜爱。

奥巴马的演讲，首先表现出他对观众的了解，他总是能够先从对方心理出发，描述他们的身份、经历；其次表现在对故事的运用上，他曾经用不少有关美国历史的故事来表达自己的观点，比如，运用安妮·迪克森·库伯（著名民权运动人士）的故事来展现他的观点；最后，奥巴马还善于在观众脑海中描绘具体的图像并能够抓住让人们感兴趣的人情话题（如他们家的小狗）来加以铺垫。而在语速上，他娓娓道来、举重若轻，并经常用不同的语调色彩来引导观众的注意力变化。

总结奥巴马的沟通效果，他之所以能够吸引人们，实际上是因为他明确了对方的沟通心理，掌握了沟通的重点——共鸣。

管理者只有在沟通中积极寻找和沟通对象的共鸣，才能打动对方的心理，并使得沟通得以顺利开展和持续。这就需要管理者首先能够用真诚的态度去打动对方，赢得他们的理解和尊重；其次，管理者应该明确了解下属的心理需求，找到他们最看重的问题，否则，不论进行怎样形式的沟通，都很难和他们找到表面上的共同语言，更不用说心理上的共鸣了；再次，管理者应该抓住沟通过程中对方心理上关注到的具体事情、人物或者利益，这样切合对方需求的表述才能吸引对方。

当然，管理者自身也需要从心理上认识到，沟通本身并不是一蹴而就的事情，不可能迅速成功。而沟通过程中，管理者也需要满足对方的表达需求，也就是管理者需要懂得倾听，能够给员工足够的心理空间去发表他们的意见，从而保证双方进行有效的互动，得到最佳共鸣。

想要在沟通中获得成功、受人喜爱，就要求管理者能够激发员工和自己的共鸣。实际上，这也就要求管理者能够用对方喜爱的方式来表达他们感兴趣的事情，把握住这样的原则，管理者就能摸准对方的心理需求，做到用沟通打开管理的大门。交谈中如果不关心对方的思想变化，仅仅一味地说出管理者自己关心的事情，就只能让双方之间的关系变得更加疏远。从心理学方面分析，这样的交谈带有强迫性的意味，会让对方在心理上产生很大的对抗和排斥，进而影响双方之间的沟通成效。因此，当管理者和员工进行个人沟通时，能够发现对方心理关注的重点，才能创造出更加理想的沟通氛围。

沟通是一门艺术，同时也是一门管理的科学。管理者千万不能忽视自身在沟通心理学上的学习和研究。

为什么哥伦布会得到国王的支持

电影《1492：天堂征服者》（1492: Christophe Colomb），以其梦幻般的配乐、优美的画面，向人们展现出无比动人的人类故事。这部电影是为纪念伟大航海家哥伦布发现美洲大陆500周年而拍摄的。这部电影，充满了人类的梦想和信念，展现了人们的勇气和力量。

电影讲述的是航海家哥伦布，通过自身坚持不懈的努力，终于能够率领众多的探险者从西班牙出发，横跨大西洋，经历了各种艰险困难，战胜了各种威胁生命的病毒，最终发现了新大陆的悲壮故事。

在影片中，哥伦布是史诗故事的男主角，他不仅仅是一个伟大的理想家，更是一个执着的行动者。为了获得自己渴求的真理和荣誉，哥伦布通过自己的努力，获得了西班牙国王和王后的支持，穿越茫茫的大西洋，终于发现了梦想中的新大陆。而影片中，哥伦布说服西班牙国王支持其航海行动的一幕则更令人印象深刻。

从某种角度来说，哥伦布不仅仅是人们心目中那位伟大的航海英雄，更是一位管理大师和沟通大师。他的沟通天才，可以从对西班牙国王的说服行动中略窥一二。当时，不少人采取欺骗的方式来向西班牙王室汇报自己的所谓发现，只是为了得到重金资助，而哥伦布首先考虑到了这一点。为了证明自己并不是那种来谋求私利的江湖骗子，他在求见国王时，特意邀请了当时著名的地理学家前往。从一开始向国王汇报时，这位地理学家就说明了向西航行可以到达印度的可能性，从而深深地吸引了国王。

随后，哥伦布更是抓住了国王感兴趣的有利时机，向国王指出，通过航海到达印度后，可以得到更多的财富、更多的土地。

虽然哥伦布此时并没有多少关于世界地理方面的正确认识，甚至连自己要去的地方并非印度这一事实也不知道，但是，凭借其强大的沟通能力，哥伦布还是说服了国王，获得了宝贵的赞助。

其实，国王之所以能够同意加入发现新大陆的事业，不仅是因为哥伦布个人的魅力起到了重要作用，陪同他前往的地理学家的意见也是更加重要的。作为传统力量的代言人，国王更愿意相信那些学术权威的说法，正是在这种权威效应的影响下，国王选择相信哥伦布，并支持他完成伟大的发现行动。

从电影中的这个情节，我们可以看出，哥伦布的沟通行动，也正是对国王的一次心理上的影响行动。由于哥伦布非常明白，想要获得国王的支持，就得打动对方的心理，因此，他抓住了国王的心理习惯和需要，找到当时最知名的地理学家来帮助自己。这样，即使因为其个人的名气较小、履历一般或者缺乏必要的信任而导致自己和国王之间的沟通无效，一同前往的地理学家也能够满足国王在这些方面的心理需求，而国王对其表现出相信的倾向之后，也无疑会重新看待哥伦布，并成为其理论的信任者和坚定的支持者。

从心理学上看，这样的沟通效应可以称为“认证效应”。无论在社交中，还是在管理中，都存在这样的认证效应。

心理学家们早就发现过这样的有趣事实，在普通的舞会上，一个普通的男生一旦能和最漂亮的女生共舞一曲，那么，之后他和其他女生跳舞的可能性就大大增加了。这是因为，最漂亮的女生无疑已经在心理上成了一种认证的标杆，通过其考验的男生和其他女生沟通时，面临的心理压力和阻碍就会小得多。反之，同样普通的男生一旦被第一个女生拒绝，那么，接下来这个倒霉者就很可能面对更多女生的拒绝，这同样也说明沟通时是需要认证作为基础的。

在团队管理中也同样如此，一个看起来普通的管理者，如果直接向员工说明某种工作方法、工作态度或者工作规则具有怎样的效果时，员工很可能表示出质疑的态度，轻则会表面应付、实际逃避，重则可能因为分歧而发生争执。然而，如果管理者具有光鲜的履历或者实际的成就，又或者得到了更专业人士、更高权威的认证，那么，情况就会有所改变。普通员工的心理很容易倒向这样的管理者，其实人们相信的并非是他，而是他背后所代表的大量权威。在心理学上，这种现象又被称为“权威效应”或者“强暗示效应”。

因此，哥伦布的魅力，也就是权威的魅力。当一个人有了这样的魅力后，连国王都能被有效引导和管理，更不用说普通的员工了。如果要深究其中的道理，那么，心理学家可以解释说，产生这样的原因，更多的在于团队中的员工们需要一种被称为“安全心理”的因素。这种因素要求人们相信，所有成功者的心理、情感、行为因素、行动能力都是可以通过具体的观察、学习来加以借鉴和吸收的，而所有成功者的思想论据、概念观点和思维模式也是正确和全面的。如果普通人能够听从他们的意见或者建议，就能让自己沉浸在安全感中，而不会出现任何差错。

另外，团队员工们还容易出现盲目追随的心理，他们很容易像痴迷明星或者积极追寻时尚的那些人一样，总是认为整个团队中绝大多数人相信的东西就是正确的、吻合的、可以带来安全的。他们认为，和其他人一样，起码能够被周围的人认可或者宽容。

利用上述这些心理，相信管理者更容易采取哥伦布的方法，不仅利用自己的权威，更能利用其他有利者的权威，在团队中展现其自身的沟通力量，打造自身的沟通形象，抓住整个团队的追随心理，成为他们眼中的领导核心。

管理的失误往往由不良沟通导致

面对工作，每个人都有自己的见解，正因为如此，就需要用沟通化解管理者与员工之间的分歧。在沟通过程中，上下级双方都有各自的立场，谁都不能简单地评判这种带有主观意识的想法正确与否，所以需要进行有效的沟通。而管理者则更应当打破员工的固有思维，引导他们从全局的角度出发，从而获得心理上和管理上的平衡。反之，如果管理者无法进行积极有效的沟通，管理失误就会不断出现，顾此失彼。

意大利电影《滑铁卢战役》(Waterloo)，上映于1970年，这部电影真实地再现了1815年那个靠一场战斗就决定了战役走向的历史事件。

1815年6月18日早晨，威灵顿公爵的部队聚集在比利时那个叫滑铁卢的小镇中。连日的暴雨将这个很快要成为战场的地方变得泥泞不堪。不久后，滑铁卢战役爆发了。

在这场战役中，以拿破仑为首的法国军队，独立抵抗包括奥地利、普鲁士、俄国和英国在内的联盟军。拿破仑在这场战役之前并没有和威灵顿交过手，也不相信威灵顿会在这里进行真正的抵抗。更重要的是，拿破仑忽视了他一直擅长的管理沟通。早在17日，他就派出一支部队，跟踪、追击在战场之外的普鲁士军队，阻止他们和英军会合。这支部队的领导者是格鲁西元帅。为了让元帅清楚地知道自己的任务，拿破仑传出的命令是：当拿破仑向英军进攻的时候，格鲁西必须带领手中的占总兵力1/3的部队去追击普鲁士军队。同时，还要始终和主力部队保持联系。

然而，当滑铁卢之战真正打响以后，拿破仑却并没有继续给出任何有效的命令，加上之前沟通缺乏明确指示，致使格鲁西始终带领着他手中的全部队伍，在做毫无意义的对普鲁士军队的“跟踪搜索”。直到法军被击败几个小时后，格鲁西才回到战场，而结果已经不可能改变了。

历史是无法改变的，然而，历史中每个人的行为是可以改变的。如果拿破仑当时意识到格鲁西并不是那么具有决断力的高明员工，而是需要管理者不断与之进行充分沟通的员工，或许他的管理策略就会发生改变，而整个战役的结果也就会发生改变。这对于我们今天重新看待管理中沟通的意义，是大有裨益的。

为了让团队能够协同合作，管理者必须令员工明白自己在整体中的位置以及重要性。从心理学角度说，了解其重要性更能激发员工的积极性，而明确其位置也是很有必要的铺垫。

如何做到这一切？那就需要从良好的沟通开始。

沟通是必要的。管理者与员工并不是对立的两方，本质上应当是相互依存的，所以说，了解对方的立场和观点就显得非常有用了。如果能够通过有效的沟通找到团队的目标，然后顺利沿着既定的方向走，整个团队便更容易得到提升，管理工作也相对轻松，管理者就有更多时间去打造更广阔的平台。

因此，最好的沟通，需要管理者将工作理念传递给下属，而不是简单地告知对方：你应当做什么。通过良好的沟通，不仅能帮助员工成长，也是提升管理价值的重要手段，而想要提高沟通效率，首先得拥有共同目标。

不少人存在类似这样的心理误区：所有进入职场工作的人，都在为自己的利益“奋斗”。从某些角度说，这并没有错，但一旦以此为全部目的，团队工作就会很难开展。其实，只要帮助员工转变一下思维方式，让他们能够明白自己负责的部分与整体有着密不可分的关系，形成“管理者与员工的目标相同”的理念，有了这个做基础，沟通就会在比较融洽的气氛中进行。

需要强调的是，整个沟通过程都应当遵循“共同目标”这个理念，这样能够避免在商议过程中出现“跑题”的情况，同时更容易凝聚人心。

接下来，就是针对具体问题的沟通。管理者和员工都希望看到对方将全部心思放在工作中，所以沟通的时候，尽量“对事不对人”，哪怕双方的分歧再深，都不要出现“人身攻击”的言语，当团队沉浸在沟通中的时候，更容易激发大家的潜力，心理需求也会得到满足。

正因为管理者与员工分别站在自己的立场上，所以才会出现不同的观点，此时，要给予员工充分的信任，相信他们也是为了整体利益来考虑，这种信任可以在很多方面体现：语气平和、认真聆听、态度谦虚、肯定员工的想法、适度表扬等，这都是增加沟通气氛的重要因素。管理者不能只站在自己的立场上思考问题，也需要关注员工的想法。只凭自己的经验处理问题，往往无法适应具体情况的需要，而管理者想要作出具体的决策，还需要以员工提供的信息为基础，如果全盘否定，会挫伤员工的积极性。

既然是双方的沟通，管理者同样需要将自己的想法传递给员工。通常情况下，管理者会站在全局高度，而员工则更关注自己所负责的区域。如果管理者能让员工了解自己对于团队工作的整体设计，以及他们在团队架构中所处的位置，他们不仅会更加自信，而且工作的时候也会更加卖力。

沟通是架起管理者与员工联系的“桥梁”，如果不能好好利用，就有可能使得管理陷入僵局。

由于员工受到立场、思维层面、工作经历等限制，他们往往只会申明自己的观点和想法，加之员工的潜意识中一直觉得自己处于“弱势”，才会更加“坚守”自己的想法，此时，管理者对于员工的认可就显得非常重要——能够帮助他们建立“心理平衡”，这是让员工习惯“换位思考”的基础，是很有必要的心理准备。

另外，想要保持沟通顺畅有效，就需要建立相对平等的心理环境，管理者不要觉得自己“高人一等”。同时，为缓解员工的“被迫心理”而进行沟通的过程中，尽量避免涉及个人情绪，更不要有人身攻击等，以免破坏讨论气氛，当管理者将全部注意力放在工作本身时，不仅能起到“以身作则”的效果，还可以提高沟通效率。

值得注意的是，管理者还应该把握自己和员工在沟通过程中的心理变化，随着讨论的深入，双方的情绪会发生相应改变，如果没有控制好，“沟通”就有可能变成“争吵”，导致最终不欢而散；如果管理者可以自如地收放情绪和调节气氛，沟通的效果就会好很多。

当然，沟通作为一门艺术，也是有很多“讲究”的，如果可以掌握一定的好习惯，就能更好地进行工作管理。

首先，对于那些并不着急解决的事务，不妨选择双方情绪尚好的时候进行；其次，不需要冗长的“开篇陈词”，以免使员工产生厌烦心理；此外，注意说话的语气和条理性，这非常重要，可以事先想好一条条线索，你的思路越清晰，越容易吸引对方的注意力，所以说，良好的表达也会令对方产生积极的情绪。值得一提的是，相对于员工，你处于领导地位，但并不代表领导可以不讲礼貌，相反，当你尊重员工的时候，会发现沟通起来容易产生更好的效果。

可见，管理者只有能够好好地同员工沟通，双方的想法才能融合到一起。想要做到这一点，不仅要养成良好的沟通习惯，还得不断挖掘对方的心理变化，通过调节讨论的节奏，让双方在相对平和的环境下沟通，越关注员工的心理，他们越愿意“说出来”。最重要的是，管理者应当站在客观的立场上，不能单纯凭借谁更有经验或者谁的职位更高来判断观点的正确与否。

友善亲切的管理者更能打动人心

在大众的固有思维中，管理者应当总是一副威严的样子。但实际上，如果真的摆出这样的姿态，导致的结果很可能是，员工整天人心惶惶，做事都无法提起精神。而如果管理者可以友善亲切一点，事情又会发生怎样的变化呢?

2010 年的国产电影《我的美女老板》，就是这样一部为我们呈现出管理者两种性格、两种面孔的电影。这部电影的男主角大雄由何润东扮演，女主角小爱由景甜扮演，讲述的是一个虽然有些俗套但却不失趣味横生的爱情故事。

奔波于职场上的 IT 程序员大雄，过着平凡的打工生活，阴错阳差下，他和开着豪车的“白富美”小爱相识。接下来，在一连串常见的爱情喜剧中的桥段之后，大雄不得不跟随小爱，负责照顾她的生活起居，随后的日子中，小爱的天真美丽和大雄的善良老实，让两个人渐渐产生情愫。

然而，不久之后，大雄来到自己始终向往的公司工作，发现老板 Emma 居然和小爱长得一模一样。大雄一时无法分清楚两个人，面对着工作时严肃、权威、强势、干练的老板，再想想生活中天真活泼的小爱，大雄发现自己可能真的落入了一个圈套中……

故事最后，真相揭开。实际上，威严的 Emma 和可爱的小爱，两者就是同一个人。

撇开电影本身的思想内涵、真实性和艺术性不谈，这部时尚电影的确给我们提供了一个有意思的思路：管理者是不是真的经常有“人格分裂”的感觉？

的确，管理者需要一定的严肃性来建立自己的管理权威。但在管理实践中，不少管理者将这一点操作“过火”，导致许多管理者上班下班时判若两人，工作时的威严令人感到压抑，而下班后和家人、朋友相处时，则往往温柔得让人无法相信。或许管理者自己还以为，这正是自身投入工作的表现，实际上，他们忽视了一点——很多时候，友善亲切的管理也可以打动人。

实际上，在团队组织架构中，管理者的确处于核心位置，但并不代表一定是最重要的，如果失去了操作实际工作步骤的员工，团队还是一样无法运转。可以说，团队中的每个人都相互“依存”，能够服众的管理者才能在团队管理上有所建树。如果想要真正打动员工的心,不妨换一种态度，用友善亲切的沟通方式去营造轻松的合作气氛，为员工打造适合沟通的平台。

心理学研究证明，人的思维会受到不良情绪的影响，紧张、开心、郁闷都会令大脑无法正常思考，致使容易作出错误的决定。下属在工作中体现出的不良情绪，多半与上司有关，既然保持良好的态度能够打动员工的心，管理者为何不加以尝试和转变呢？

沟通过程中，管理者应当放弃“我总是正确的”想法，去聆听员工的观点——尊重下属的同时,也更容易获得有效的信息。而从员工的角度看，他们渴望上司认真听自己的想法，并得到认可，甚至被采纳，当管理者耐心地听他们说,然后用温和的语气与之讨论的时候,员工才能看到“希望”，才会愿意深入讨论，这将更有利于团队工作的开展。

著名成功学大师卡耐基说：“不要因为自己的位置高高在上而放弃良

好的态度，没有忠诚的员工，你的位置同样摇摇欲坠。”

员工在介绍某位管理者的时候，通常会特意说：“他是个通情达理的老板。”可见，管理者的性格与对待员工的态度被对方看得很重。如果你能够满足员工的这种心理需求，他们便会在工作中投入更多精力——他们卖力是因为有人欣赏。

当然，不要以为性格温和的管理者就是“软柿子”，这里强调的是态度，无论在何时，管理者都应当坚持原则，但是不要动不动就发火，更不能用厌烦的态度对待员工。哪怕下属说错了，都可以在听完他的全部解释后，将其中错误的地方提出来，再进行修正，这是体现管理者素质的重要方面，而你的这种表现，会使员工更加尊敬你。

良好的态度加上温和的语气，能够帮助员工缓解工作压力。职场中，员工只会对自己和上司负责，如果上司总是整天板着脸，下属就会人心惶惶，常听一些员工说：“老板就是那种看谁都不满意的人。”员工带着消极情绪上班，就容易对你的管理行为产生抵触，甚至可以说，管理者的态度对员工情绪有直接影响，当你大声呵斥他们时，对方肯定会揣测：我是哪些地方做得不好吗？久而久之，便对自己失去了信心，同时在心中将管理者定位为“难伺候的人”，这样一来，你的任何决策对于员工都难以有吸引力。

可能会有不少管理者心中犯嘀咕：我保持友善的态度，员工会买账吗？其实无须担心，与命令式的语言比起来，柔和的态度更容易打动员工，正因为大多数人都是“吃软不吃硬”的，与其时刻用强硬的态度，不如用和善的语言来打造出适合双方沟通的心理环境。

处事态度作为员工评价管理者的重要因素越来越受到大家重视，加之不少企业的文化相对开明、民主，员工又渴望寻找归属感，他们不再将劳动报酬看成唯一的追求，因此会将注意力放在其他方面，而通过工作获得心理上满足的想法日益强烈。如果说用报酬换来的是员工一时的“追随”，那么，优质的态度换来的却是长远“收益”。这就如同一场情感投资，正因为每个人的行为都是受精神控制的，所以管理者对员工心理上的滋润，会令其产生更多的积极情绪。

卡耐基说：“想要别人服从你的管理，就必须给予对方想要的东西。”从员工的角度说，他们希望被认可，受到管理者的肯定和表扬，甚至比发给他奖金还要开心，因为管理者可能会帮助他们走向更高的平台。如今，“求发展”的员工越来越多，假如管理者能够让他们看到希望，他们则会更加努力地工作。这样一来，管理方法才能更加深入人心，将员工的心都拉拢过来。

多数情况下，管理者应当保持良好的态度，面带微笑与员工交流，聆听对方的想法，并且尊重他们。当然，管理者不可能随时有这样的心境，那么，当遇到突发情况时，如何能保持友善的态度呢？实际上，想要做到这一点并不难，既然事情已经发生，想得更多的应当是如何解决。此时，不妨先深呼吸，等到情绪稍稍平缓些，就更容易从客观的角度看待工作了，或许你的态度无法像平时那么友善，但是为了避免发火，也不要出现怀疑等消极想法，与此同时，员工已经意识到情况不对劲，如果管理者没有及时“安抚”他们的情绪，这样就不利于沟通工作的进行，然而态度上表现得稍稍有些“强硬”不但不会让员工慌乱，反而还会让他们觉得自己有依靠。这里所说的“强硬”，更多指的是管理者要有自信的态度，这不仅是对自己能力的肯定，同时也让员工吃了定心丸，等到沟通正式开始，或是等到得出结论时，员工会不由惊叹：“在这么紧张的情况下，上司居然还能保持从容的态度，并且带领我们找到解决问题的出路，可见这名管理者多么优秀。”谁都希望在优秀的人手下做事，在特殊情况下，良好的自信态度又会成为让员工“刮目相看”的魄力。很多人苦于无法做好管理工作，其实，只要你可以满足员工心理上的需求，就会变得简单起来。

换位思考后想法往往会变得完全不同

心理学上，我们总是强调换位思考的重要性，当正在沟通的双方都能理解对方的立场和处事方法时，交流就会顺畅很多。同样，在管理上，也需要这样的换位思考。作为决策人，管理者不得不从全局角度出发，处理好各个环节之间的联系；身为执行者，员工考虑更多的是如何做好每一件具体工作。因此，在操作过程中，实际情况往往与计划有差异，由此产生了意见分歧，此时，换位思考成为解决办法的唯一途径。

那么，缺乏换位思考会如何？

若是双方总站在自己的立场上思考问题，三天三夜都不会讨论出结果，管理者觉得员工“缺乏经验”，员工觉得管理者“不明白自己的苦衷”。谁也不要“祈祷”换位思考会从员工开始，因为他们处于相对“弱势”，很难在上司面前“妥协”，以保护为数不多的资源，所以说，想要打开上下级之间合作的局面，管理者先尝试了解员工的立场和难处是较为可行的办法。在客观条件允许的情况下，尽可能提出帮助他们的想法，一旦养成这样的沟通习惯，整个团队的工作气氛都会有所改变。更重要的是，管理者思考模式的变化，使其更容易吸收多方信息，从而取得更好的结果。在这个过程中，员工可以感受到你的理解与认可，这也是对他们最好的鼓励。

1996 年香港电影市场上的贺岁片《食神》，是一部周星驰亲自上阵进行编、导、演的影片，整个故事充满了喜剧效果，同时也有着“得”和“失”

之间旋转跌宕的戏剧张力，将周星驰个人演技风格发挥得淋漓尽致。

电影讲述的故事是：原本身为管理者的唐朝饮食集团老总、“食神”史蒂芬·周，过于看重商业利益，忽视员工和客户的需求，以致众叛亲离、事业失败，而周本人也流落街头。后来，在他的民间粉丝、庙街餐饮排档大姐大火鸡的帮助下，周凭借自己的创意点子和商业头脑，以“爆浆撒尿牛丸”重新崛起。最终，他接受了少林寺的严格训练，重新参加食神大赛，并战胜了竞争对手，重新成为食神。

这部影片充满了周氏喜剧的独特内容和风格，看起来既因为描述着市井小民的生活内容而令观众感到亲切自然，又因为种种无厘头元素的加入而产生对现实加以解构的破坏效果。对于管理者来说，从这部电影中要能看到换位思考的重要性：在管理中，管理者也很像一个调配各种原材料、调料以满足客户需求、市场口味的烹饪者——按照中国传统文化的解读，对国家的管理也如同烹饪小鱼一般，更何况管理企业——而这样的烹饪是否真正成功，并不仅仅取决于管理者对自我能力的运用和对自我方法的思考，同样取决于他们是否能像电影中的主角一样，从良好的自我感觉中，回归到对员工和客户需求的满足上。简而言之，也就是他们是否能在沟通之前就完成“换位思考”。

换位思考，并不代表管理者要放弃之前形成的思考模式，而是在此基础上充分了解员工的心理变化。团队是由人构成的，管理团队就是管理这些人，而所有行为的发生都源自人们的思维，如果管理者态度强硬地说：“你必须这样做。”员工只好放弃自己的想法，然而他们却“口服心不服”，此时，管理者又开始郁闷：员工怎么就不能理解我的用心良苦呢？我费了多少心思才想出这样的决策，他们却一点都不配合。

你是否想过，员工为什么会产生抵触心理？原因是，他们会觉得你剥夺了他们自己思考问题的权利，这对于他们心理上的打击是很严重的，久而久之，员工便形成了固有心理：反正上司也不会采纳我们的想法，何必挖空心思去想呢？这样一来，他们便不会认真对待沟通，管理者和员工的关系便随之陷入恶性循环中：员工不愿意思考和发表想法，管理者就会觉得他们“消极怠工”,最终将沟通彻底变成命令,团队管理也变得很难搞好。

试想，如果你是员工，接到工作任务后会如何完成？正因为管理者在团队中处于比较高的位置，所以容易忽略基层工作中的细节。当你站在员工的角度，将这些任务具体化的时候就会发现，员工所反映的情况大多真实存在，而自己之前坚持的决策也需要进行相应的调整，或是引导员工高效地处理好这些问题，这都会令下属对你抱有“敬仰”之情，不仅因为你是个通情达理的管理者，还因为你能够运用多元化的方式解决大部分问题。

从另一个角度说，换位思考同样能填补员工在心理上的“空缺”，他们渴望被理解，尤其是被自己的上司理解，一旦他们觉得“苦劳是有目共睹的”，消极情绪就有可能渐渐消散。

从管理者的立场来看，换位思考能够让你理解员工这么做的缘由，甚至可以从中发现更好的操作方法。

当工作没有顺利完成，或是沟通出现“障碍”时，管理者通常会觉得员工“不作为”，其实，对方也在努力，只是对于细节的处理出现了偏差，全盘否定只会令员工“寒心”。不妨试着从他们的角度看问题，从而找到问题的根源。

如果没有做到换位思考，管理者可能给员工扣上“不努力工作”“能力太差”等帽子，事实上，他们也有很多无奈的地方，而进行换位思考后，更容易找到员工出现“卡壳”的环节，当产生问题的缘由被发现后，解决的时候便更有针对性。对于员工来说，他们会觉得管理者是在真心实意地帮助自己，由此，积极情绪就会产生，沟通工作就会进入良性循环中。

似乎当管理者愿意换位思考的时候，沟通工作就变得很“美好”，总体来说，确实能达到这样的效果，但也要注意很多细节：

首先，换位思考并不是让管理者转变角色，而是让其更全面地考虑问题。

其次，换位思考不能违背沟通目标和既定方向、流程，因为这是总体框架，并且员工也会因为你能够坚持原则而产生敬佩之情。

此外，管理者在进行换位思考的同时，不妨引导员工也这样做，这既有助于帮助他们理解管理者的想法，又能够提升他们的思维水平，并且当员工领略到这些的时候，还会欣慰于你传授给他们高效工作方法的诚意与苦心。由此看来，这一点是非常重要的。

可见，沟通的时候，管理者能够站在员工的立场上看待问题是很关键的——不仅满足了下属的心理需求，而且使团队更加团结。

急于求成会让沟通前功尽弃

我们都听过“揠苗助长”的故事，说的便是农户急于求成，反而令结果更糟糕的道理。沟通也是如此，既然想利用它处理工作中的困难，就必须认真对待这个“途径”，刚开始还在询问员工这样做的原因，转眼就要马上得出结论，这样做的话大大影响团队工作效率。

这种急于求成的心态，是管理者普遍的错误心理，正因为渴望在最短时间里看到结果，所以才会形成类似的心理状态。对于员工来说，当他们看到管理者急于给出的答案，会觉得你没有诚意，将沟通看成“过场”，他们也会“早早结束沟通”，如此一来，效果可想而知。

第 79 届奥斯卡获奖影片《通天塔》(Babel)，是新生代电影导演冈萨雷斯·伊拉尼多的一部重要作品，这是他的另一部展现错综复杂的人性内心世界并予以审视的电影。在这部电影中，观众们看到了人和人之间沟通的必要性，也看到了其中的艰难性。通过这部电影，观众发现，沟通之间的障碍，有的来自于人和人既有的差异，也有的来自于彼此之间缺乏的信任，还有的来自于过于急于求成的不良心态。这些原因都可能随时对沟通产生破坏力，造成过激的反应，导致一些原本可以消弭的矛盾不断激化为冲突。

按照《圣经·创世纪》第 11 章中的记载，创世纪开始时，全世界的人们用同一种语言进行沟通，人们想建造一座通天塔直通天空。上帝知道以后，决定劝阻人们的冒险行动，便创造了不同的语言，让所有人彼此难以理解和沟通，最终导致梦想破灭。而在这部电影中，四组人分别来自于经济条件、文化传统、社会内心不同的国家，由一把枪串联进入了同一个故事。这四组人由于生理上的差异、经济上的因素，彼此难以沟通，更由于主观上沟通努力的不足,如缺乏耐心、诚意、理解而导致沟通失败的结果。

这一点，在美国的苏珊夫妇身上表现得也相当明显。这对夫妇的婚姻接近崩溃，而原因则在于两个人或者由于缺乏耐心，或者由于缺乏诚意而无法进行沟通。例如，在路边餐馆中，苏珊宁愿忍饥挨饿也不愿解释自己为什么不吃非洲人的食物，实际上，她只是不想解释自己对食物卫生的担忧；在被沙漠中突然打来的子弹击中肩膀后，面对身边丈夫的关切询问，以及丈夫试图抱起她时，苏珊也只是随便挥挥手，也不愿接受丈夫的关心。从这些细节能够看到，苏珊的确有着强烈的理性，但这样的理性，非但没有帮助她获得良好的沟通效果，反而导致她在沟通过程中过分地急于求成而失败。

同样，在管理过程中，管理者需要做到的并不是急于求成地追求沟通结果，而是让情绪正常下来，使沟通节奏也能够得到有效控制。

员工的情绪容易被管理者影响，当你急急忙忙处理某件事情的时候，原本心平气和的他们也会跟着着急起来，一旦双方都不能在正常情绪下交流，就很难达成共识。所以说，要注意沟通的节奏，既不能因为无关的内容而浪费时间，也不能因为过于着急而影响效果，不妨先制订好“沟通计划”，你认真对待此事的态度会感染员工，他们也会认真起来，若是管理者敷衍了事，员工自然不会投入太多精力。

有些管理者不想在沟通上浪费很多时间，所以想要在尽可能短的时间里完成这项工作，沟通的目的就是要得出一个结果。在沟通前，管理者就需要为双方设立目标，这是帮助员工坚定态度的重要步骤，沟通双方会随着交流的深入，慢慢渐入“佳境”，若是在某个阶段强行终止沟通，或是草草得出并没有让双方都认可的决定，就会影响团队的工作情绪。

如何让沟通变得高效？当然要保持条理性，员工可能很混乱，但是管理者一定要有清晰的方向，当心中怀有目标，并且能够按部就班地进行，团队就有可能看到希望。这是避免出现“急于求成”心理的重要方法。

沟通前，肯定需要做很多准备，如收集资料、安排时间等，如果没有做好完善的准备工作，沟通的时候就有可能出现混乱，给双方造成压力。沟通时，应当避免说与主题无关的东西，这是保证沟通效率的直接方法。此外，你不能总是看时间，更不能草草收场，在得出结论之前，要先了解对方的想法，然后进行分析，这是必不可少的环节。

尽管是上下级间的沟通，员工还是希望自己能扮演较为重要的角色，而管理者急于求成的结果，便会导致员工产生疑惑：团队真的需要进行沟通吗？这是上司变相下达命令吗？几乎所有的想法都是消极的，以至于沟通没有任何效果。

即便沟通工作的参与者都站在客观角度看待问题，还是会在其中掺杂进主观情绪，毕竟每个人在工作中的表现都源于他们的主观意识。当你急于求成时，员工会觉得你不够重视他们的主观世界，容易与管理者产生“隔阂”，渐渐地，沟通工作就会陷入“僵局”，原本已经做好的“铺垫”，会因为管理者急于求成而“功亏一篑”。

有时候，沟通工作无法一次性完成，所以对日常工作造成了影响，管理者难免会因此心中焦虑，而希望尽快达成共识。即便是这样，也不能没有任何缘由地缩短沟通时间，而是应当与员工商量，从而找到折中办法。

沟通过程中，很多管理者都存在“虎头蛇尾”之嫌。刚开始希望团队可以好好沟通，经过一段时间后，便开始不耐烦，不想听下属的解释，于是便想着草草结束交流。在这种情况下，管理者多半会作出错误决定，甚至令员工误认为管理者的能力不过如此，这样员工心理上的起伏就可想而知。时间久了，员工还有可能受到管理者的影响，形成做事“虎头蛇尾”的风格，今后团队还想进行沟通工作，就会越发困难。

沟通的时候，总会存在各种令人想要尽快结束此项工作的情况，此时，管理者应当顾及团队其他成员的心理变化，避免他们受到这种不良情绪的影响。更重要的是，只有及时调整沟通方式和进度，才能保证其顺利进行。简单地说，不论管理者还是员工，一旦想要急于求成，必须马上冷静下来，同时对沟通模式进行调整。

自恋的管理者注定沟通不利

沟通过程中，管理者需要保持什么样的心态？客观、公正、善解人意……而不能以“自恋者”的形象出现，以免沟通还没开始，便让人“敬而远之”。

从心理学上来看，自恋心态是很容易出现的，也是许多人都没有意识到的。控制在一定程度上的自恋，对人们不仅没有坏处，还能带来激励的动力。但超越了一定程度的自恋，则并不如想象中的那么美好。

自恋，这个词，来源于古希腊神话。在神话中，美少年纳西斯因为在水中看到自己的影子，从此爱上了自己，最后居然得了相思病而憔悴死去，死后便变成了水仙花。后来，心理学家们就利用这个词来定义个体将注意力和关爱主要投向自身的心理现象。

在电影中，这样的心理表现也毫不缺乏。

2010 年，达伦·阿伦诺夫斯基导演的电影《黑天鹅》（Black Swan）获得了金球奖、奥斯卡奖等多项大奖，影片讲述了一个有关芭蕾舞舞者的故事。女主角是一个小有名气的芭蕾舞女演员，当她投入地准备一次重大演出时，却发现自己在和另一个舞者进行激烈的竞争——她们俩分别担任舞剧中的“白天鹅”和“黑天鹅”，并产生了越来越多的恶意和敌对行为。

然而，这部电影的残酷就在于，这样的竞争其实并不存在，而是一种在压力下产生的精神分裂。这个才华横溢的芭蕾舞女演员，只是因为对自己才能的过分自恋、对自己生活“纯净度”的过于欣赏而产生了差点毁灭她的心魔。

从这部电影中可以看到，自恋心理一旦超常乃至失控，换来的只能是生活和事业的扭曲。在管理中也同样如此。

自恋的管理者目光比较狭隘，通常只会欣赏自己，甚至觉得自己是最完美的，这就成了沟通中的“障碍”。因为沟通的过程中，需要了解他人的想法，并且作出分析，所以不能只沉浸在自己的世界中，就像恋爱的时候，眼中只有对方一样，自恋的管理者眼中只有自己，这种心态在员工看来，几乎可以用“目中无人”来形容，他们自然不会买账。

自恋的管理者多半感觉高高在上，甚至无人能超越他，加之他处于管理者岗位，更容易形成刚愎自用的性格，试想，员工怎么会信服于这样的管理者呢？如果需要沟通，团队成员也都会敷衍了事，因为他们早已知道后果：管理者不会参考和采纳任何人的建议。

自恋的管理者，几乎对自己过于满意，这种性格一旦带入沟通过程，就会表现出非常渴望听到赞美，甚至自己所做的一切都是为了得到赞扬和掌声。由此，沟通的性质就有可能发生变化，从讨论问题，变成了管理者的独角戏，这样一来，不仅不利于团队工作的顺利开展，还让员工产生消极情绪。

员工几乎无法从自恋的管理者口中得到一点点肯定，这大大挫伤了员工的积极性，更严重的是，由于“自恋”是一种畸形的心理状态，致使对事物的评价标准也与其他人不同，由此而影响管理者的判断力。

在沟通过程中，应该讲求实事求是，如果管理者属于自恋型，就很难站在客观的角度考虑问题，甚至会将整个团队看成“私有物品”，这违背了管理原则，也很难服众。

自恋可以算作一种不正常的心理状态，因为受到某些原因的驱使，言行举止总是以自己为中心，尤其是与下属交流的时候，通常总是这样说："我认为……"、"我的观点是……"，本身员工就处于管理者的麾下，再用这样的语气，员工会觉得自己就像"提线木偶"，几乎失去了自主思考的能力和动力。

此时，存在该种心理状态的管理者应该尽快改变，将自恋变成正常的自我欣赏。作为团队的核心人物，管理者应当保持自信，与员工交流的时候，能清晰完整地阐述自己的观点，注意理由的客观性，这样才能体现出应有的魄力，切忌凭借主管想法"自由发言"。

更重要的是，管理者要具备自我反省的意识。自恋的人通常对自己的一切都很满意，然而事实并非如此，不妨鼓励员工说出你的缺点或是想法中的不足之处。这样做不仅让团队获得更多的优质资源，同时让员工感受到被尊重，特别是在人格方面，员工会觉得和你是平等的，这些就为沟通提供了较为坚实的心理基础。

从心理学的角度说，越是职位低的人，越渴望得到重视。而自恋型管理者恰恰忽略了这一点，所以容易造成员工不愿与之交流的局面，对方不希望只充当鼓掌的人，他们想要得到关注和理解，当然，员工同样希望上司是开明的。

还有，自恋型管理者容易培养出自恋型员工。团队中，成员的目光一般都齐刷刷地看向领导，共事久了，便容易在潜移默化中受到其自恋心理状态的影响，再者说，管理者已经"不再帮员工说话"，出于自我保护，他们也有可能形成自恋的性格，甚至到最后，整个团队都会变得很自恋。

想要摆脱这种心理状态，就要正视整个团队，尽管你有足够的经验管理团队，但仍必须承认自身存在不足；交流的时候，要避免使用以自我为中心的词语，久而久之，当这些不正确的心理暗示不再出现时，心理环境就会慢慢改变。

自恋就是自信的消极体现，为了避免这种情况的发生，就要在听到赞美后，客观地审视自己，并不断告诫自己：“每个人都存在优势和劣势，所以我和员工是一样的。”自信若没有膨胀，就会成为推动你发展的动力，过分了，就会变成心理负担，进而可能会形成自恋的性格。

一位心理学家说：“自恋和自负是同一种心理现象的两种表现方式，只不过前者过于相信自己，后者过于谦卑。”

想要带好团队，管理者的性格特征非常重要，淡定的态度能够帮助你处理更多的事务，特别是在与员工交流的过程中，信息的碰撞往往会使人的情绪高涨或是失落，因而容易促成自恋的心理状态，此时不妨将全部注意力放在处理这些信息上，这有可能令情绪保持平静。

正因为不同的心理状态下，管理者会表现出自恋或是自负的性格，而自恋会令人讨厌，甚至让员工不想再交流下去，所以想要避免这种情况的发生，就需要管理者用客观的眼光来看待自己以及员工和团队中的一切，只有这样才能令沟通顺畅。

第六章

奖惩心理学：激活内心的力量

为什么上亿奖金却换不来员工一笑

在某些老板看来，只要多给员工奖金，他们就会死心塌地干活，但事实往往与之大相径庭。这是由于管理者在理解上存有一定误区：认为员工上班的目的仅仅是为了薪水。

金钱固然重要，但并不是员工的唯一追求，其实，想要激发他们的内在动力，还应当关注员工的心理需求，从另一个角度说，心理需求比物质需求更加受到员工的重视。

所以说，单纯用薪水“拴住”员工并不是长久之计，一旦有人出价更高，他们便会毫不犹豫地选择跳槽，但当他们对团队产生了工作感情时，心中也就有了“牵挂”，就会更安心地工作。

2013 年暑期，电视连续剧《武林外传》的粉丝们惊喜地发现，带给他们欢乐和回忆的宁财神又回来了，他带来的是《武林外传》的姊妹篇《龙门镖局》。而有人说这一次的作品和前一次的大有不同，大概就在于这一次的作品中融入了更多哲理和感悟吧！——从社会热点到人生经历，再到企业管理。

“龙门镖局”，实际上可以看作是今天任何一家企业或团队的缩影。只不过在电视剧中，这家企业的状态一开始就相当难堪：镖局老板不幸因公牺牲，少奶奶盛秋月经营不善，几乎要破产，后来富有商业头脑的平安票号少东家陆三金以零价格收购了镖局这个烂摊子。随后，不会武功的镖师、拜金女定位的名医、武功盖世的官二代、成天想发财的厨子、到处都有浪漫史的老镖头陆续登场，上演了一出出暗喻现代人生活和工作的喜剧。

在故事开头，陆三金成为镖局的实际管理者，但他并没有急于树立权威和制度，而是和每个旧员工分别面谈，确定他们各自的待遇。在这样的面谈过程中，体现出了陆三金良好的管理艺术。

例如，对于能力缺乏而志向远大的员工白敬祺，陆三金起先给他每月三钱银子的工资待遇，但只同意给他做最基层的职位——趟子手。没想到，白敬祺并不接受这样的待遇，家境殷实的他并不在乎钱，而更加在乎职位。于是，陆三金马上进行了灵活的管理，让他成为名义上的镖师，而能力比他强得多的吕青橙则成为他管辖的员工。但作为补偿，前者只能拿后者三分之一的薪水。这种看起来并不合理的管理，却让白敬祺大喜过望，马上从反对变成同意，还面露喜色地要写信给家人报喜，“自己终于当上镖师了”。

虽然仅仅是电视剧情节，但体现出的管理思想却并不脱离现实。正如某位管理大师所说：“如果管理者想在短时间内好好利用员工，不妨给他们高额薪水，对方则可能会创造一个‘奇迹’，如果想留住员工，让他们为团队的持续发展出力，就必须进行情感投资。”

依管理者看来，员工最渴望得到物质，所以给予他们自己认为很重要的东西，目的是为了留住他们的心；从员工的角度说，当上司给了自己钱后，他们就会心安理得，很难会感恩，更不会产生归属感。

假如管理者没有让员工体会到自己与团队的联系，他们就永远觉得自己是“圈外人”，而工作只有两个要素：做事和挣钱。一旦与团队产生感情，他们便渴望通过自己的努力，将团队建设得更好，这些都是物质奖励无法换来的，况且物质奖励不可能天天发，那样随之而来的便是高昂成本，而精神奖励对成本几乎没有影响，并且可以随时随地进行，管理者何乐而不为呢？

从心理学角度说：人的精神可以胜过其他要素，因为它起到支配作用，处于主导位置，想要激发内在动力，必须通过外界的刺激，物质只是其中的一种办法。

想要通过物质奖励让员工获得心理上的满足，可能需要投入很多，最终却收效甚微。不妨利用其他方法，唤起他们心中的动力与感恩，让团队成为他们的依靠。

奖励的方式有很多种，关键在于得拿出他们最想要的东西，例如，当管理者下达任务的时候，员工希望了解缘由；员工想得到更多权力，能够独立处理工作；当员工犯错误后，希望得到谅解；等等。这些都是日常工作中发生的事情。如果管理者对员工表现出信任和鼓励，就有助于激发出他们更多的潜力，这种奖励方式被称为“情感激励”，效果比物质激励更好。

员工的心声是：“我希望上司将我看成活生生的、有思想的人。”如果不给予员工精神上的自由，他们就会觉得自己是被禁锢起来的，如今，越来越多的人渴望在工作中得到尊重和理解，他们不希望自己被动地做事。在这种情况下，管理者单纯用物质奖励，并不能满足员工精神上的需求。

由此看出，帮助员工建立归属感，能够让他们的心沉浸在工作中，如果单一使用物质奖励，下属就会觉得自己很难融入团队。精神奖励是可以很好地解决这个问题的有效方法，在运用这种情感激励法的过程中，管理者要想好以下两方面：

首先，哪些方面可以运用情感激励？管理者都希望团队是充满活力的，这就需要在日常工作中不断给予员工精神奖励，例如，相信员工可以顺利完成工作；上级尊重下级；注意沟通，保持对员工的关心等。这些随时可以给予员工的“奖励”，会在积少成多后，发生质的转变。

通常，管理者在给员工布置任务时很少告诉他们缘由，对于员工的奖励，也就是在完成工作后给他们工资。如今，员工不只是“求薪水”，他们更希望“求发展”，只有了解了具体的工作流程和来龙去脉后，才有可能把工作做得更好从而获得进步。当管理者愿意讲解工作缘由的时候，员工在学习之余，会很感动，这便给后面的工作打下良好的基础。再者说，团队与员工的成长相辅相成，员工进步了，团队整体实力自然会增加，这时候，团队更让人有“家”的感觉，更加能够温暖员工的心。

团队中，身为决策人的管理者，占有相对的主导位置，员工的主要工作则是执行，时间久了，员工便觉得自身价值没处得以发挥，工作积极性就会减少，任凭你再给他发奖金都将无济于事。那么，不妨让他们参与到决策中来，而管理者也可以从中获得更多信息，这对工作本身也是有好处的。

其次，合理运用物质奖惩措施也十分有必要。尽管情感激励的好处有很多，但是在员工心中，物质奖励的使用也是占有一定“位置”的。通过建立更加完善的薪酬制度，加上健全的奖励与惩罚措施，可以让员工将更多的精力投入到工作中，从而获得更好的效果。

薪酬制度的设计，要尽可能个性化，不能出现“大家工资都一样”的情况，谁做得更好，就能拿到更多钱，这是激发下属工作积极性的直接办法。当然，分次进行物质奖励也是不错的选择，一次性给得很多就会渐渐失去吸引力。例如，员工将某件事情处理得很好，不要一次性给他很多物质奖励，难道其他工作他就完成得不好吗？

正因为员工更希望在工作中得到成长，所以建立具备成长机制的薪酬制度就显得尤为重要了。随着工作年限、职位的上升，薪酬结构也要相应变化，这是激励员工进步的重要方法。

为什么发了高额薪水，员工还是不开心呢？这只能是因为物质奖励没有发到他们的“心坎中”。例如，A员工在这里上班8年了，B员工只有5年，但是后者的业绩更胜一筹，该如何安排每个人的薪水呢？这就不妨划分出两个模块：工作年限和业绩，谁在哪个模块中该拿到更多薪水，都会一目了然，员工对此也会心服口服。

此外，建立科学的奖惩机制同样重要。当员工有“突出贡献”时，就要根据规定给予奖励，最好不要错过时间，错过时间的奖励其效果就会大打折扣；当员工违反了企业规定，或是反复出现同样的错误时，就应当采取适当的“惩罚”措施，以免其他人不服。

实际上，不论精神奖励还是物质奖励，目的都是为了留住员工的心，这两种奖励方式应当同时进行，前者穿插于日常工作中，后者依托于合理的薪酬、奖惩机制，这才是激发员工内在动力的重要手段。

奖励多了反而加重了员工的心理负担

有个问题一直萦绕在管理者心中：到底要如何奖励员工，才能令他们满意？在管理者看来，不论表扬还是发奖金，员工都应该开心，因而更加自信，但现实并非如此，似乎在给予员工奖励之后，他们的心理负担加重了，这是为什么呢？

没有获得奖励前，员工会一个劲地努力，他们的心里不存在“标准”，因而能越做越好，甚至达到非常优秀的状态，此时，他们心无旁骛，几乎不会想到自己到底要做出什么结果。得到奖励后，员工多半会想：“以后还能不能获得上司的欣赏呢？我要如何做，才更能赢得上司的心意？”越想越多导致的结果是，员工的心理负担越来越重，原本“轻装上阵”的他们，会感觉自己不堪重负，以致造成不好的结果。

管理者不解，是因为只站在自己的角度看待问题——你需要好好做事的员工，在下属表现优异的情况下给予一定的奖励，目的是为了让他们有更大的工作积极性。“激励”本身是有益于管理工作的，但是如果没有把握好“度”，就只能收到相反的效果。员工的心理负担加重了，做起事来就会有太多顾虑，从而不利于工作的开展，这确实是管理者不想看到的结果啊！

美国商界流传着这样一句话：“不要让你的员工吃得太饱，以免迷失方向。”不要觉得给予员工很多奖励，就是最好的激励方法。从心理学角度说，奖励与惩罚是并存的，一旦奖励过了头，就会变成“惩罚”。著名管理学家彼得·帕里曾经说：“不要觉得给予员工足够奖励，就会激发出无穷战斗力，一旦没有掌握好度，就会行不通，它就像一根杠杆，牵动着员工的心理。”

最好的奖励，是不要让员工“吃得太饱”，不断给予小惊喜是让他们产生工作积极性的好办法。管理者派发奖励的初衷是希望员工更加努力工作，为团队创造更多效益，然而过多的奖励，会导致员工出现极端化的情绪，如急于想做到更好而变得焦虑，想获得更多奖励而投机取巧，最终影响团队的日常工作，无疑这种事与愿违的结果是我们不愿看到的。

《看上去很美》是中国年轻导演张元的一部作品。这部作品根据王朔的同名小说改编，2006 年上映，上映后，引起不小的反响。有评论家认为：“《看上去很美》是老少皆宜的，老人可以在影片中看到历史，而年轻人可以在电影里看到自己。”但也有另一种截然相反的观点认为：“这只是一部以儿童的眼光去看儿童世界的电影，里面无非是一些小孩儿生活在幼儿园里吃喝拉撒睡的琐事。”

这部电影究竟说的是什么内容，并非此处关注的主题。但其中关于幼儿园生活中体现出来的管理学心理和实践特点，却是值得管理者关注的。

电影的主角方枪枪是一个 3 岁男孩，一直由奶奶抚养。然而，当军人父亲作出决定，让他进入幼儿园之后，他发现自己必须要迅速观察并适应这个新的群体。在这个群体里面，看起来温和的唐老师，让方枪枪感到亲近和善，而另一个满脸严肃的李老师，则让方枪枪觉得相当恐惧。同样，在幼儿园的团队中，方枪枪也认识了自己的新朋友。

但是，这个幼儿园的管理方式却存在问题——缺乏对被管理者心理的尊重与呵护。这个有着几百个孩子的幼儿园，实际上已经成了一个奖惩方法控制下的死板的小社会。在这个“社会”中，孩子们为了能够获得成年人的认可和赞赏、获得同龄人的钦佩和羡慕，就努力遵守幼儿园中各种各样的纪律，来挣得更多的奖励——小红花。对于方枪枪来说，他的最大愿望就是取得五朵小红花。为此，他使出了浑身解数，克服了许多“不良”个人习惯，却还是得不到五朵小红花。这样的心理压力，让方枪枪感到困难越来越大。最终，他对小红花失去了兴趣，而是对带领小朋友们推翻这套无处不在的奖惩机制产生了兴趣……

同理，有人因为始终得不到小红花而对它失去了兴趣，也会有人因为每次都能得到小红花而对它没有了“惊喜”的感觉，甚至觉得不费吹灰之力就能得到奖励，以至于渐渐变得懈怠，不像最初那般努力。

这样的情节说明，管理者必须掌握好奖励的“度”，奖励太多、太少、太容易、太难获得都难以发挥最大的引导作用。派发奖金只是手段，最终目的还是希望员工更努力地工作，从这个角度说，奖金应当成为“诱饵”，让员工看到希望，却永远不会得到全部。只有这样，你才能管理好团队，而在这个过程中，你还需要注意以下方面：

首先，通过奖励吊足员工胃口，让员工开心，但是永远不去完全满足他们。人之所以会奋斗，是因为要追求还没有得到的东西，一下子将太过高额的奖励放在员工眼前，反而容易令他们丧失“斗志”。

当管理者一次性发放很多奖励时，员工就会觉得自己完成了一项非常重要的工作，而在得到奖励后，他们开始蠢蠢欲动：以后还有类似的工作吗？以后我必须要比现在做得更好，才能获得这样的奖励吧。那时候，我该如何做呢？此时员工的心态会发生很大变化，他们工作的目的似乎是为了得到奖励,这些顾虑使得团队工作停滞,甚至出现倒退,这就偏离了原来的奖励初衷。

有了高额奖金，员工就会把目光越来越多地集中到这个“诱惑”上从而偏离工作方向。科学的管理理念是：引导员工将更多精力放在工作上，并把奖励看成“意外收获”。想要促成这个状态，管理者可以采取分次派发奖金的方式来肯定员工的工作，避免一时间给予太多奖励而令原本平静的团队荡起波澜——员工可能会产生很多猜测，也可能会为了再一次得到高额奖金只去做那些“更容易得到奖金的事情”，而忽略了对其他工作的用心，等等。此外，一次性发放高额奖励会影响员工的团结，正因为大家都太想再次获得高额奖励，所以在核心问题上，很难出现退让的情况。

时不时地对员工进行精神和物质上的奖励，并酌情考虑力度大小，这种点点滴滴的关心，会不断滋润员工的心灵。每个人在工作中，都会出现迷茫、紧张、疲劳的情况，这时候给予奖励能够对员工产生推动作用，加之奖励幅度不算很大，又不会造成其心理负担，这可以算作比较好的方式。

其次，解读奖励的含义，让员工有更加明确的方向。当管理者为“奖励没有激发员工积极性”而纳闷的时候，你是否想过，员工真正懂得奖励的意义吗？答案多半模棱两可。这时候，管理者如果能够解读奖励的含义，员工就知道自己哪些地方做得好，哪些地方要改进，这样可以使奖励的效果更好。

奖励是一把“双刃剑”，管理者将其当成激励员工进步的手段，团队成员将其当成奋斗目标，一旦利用不好，不仅管理者会失去激励员工的机会，而且还会增加下属的心理负担。

通常情况下，奖励是当员工完成了某件工作之后获得的，在这件事情中，下属的大部分工作应当得到肯定，这是精神奖励与物质奖励并存得以起到双重激励作用的原因。但是，并不代表员工已经将工作处理得很完美，管理者可以伺机指出下属工作中还需要改进的地方，这是缓解员工心理压力的重要方式，因为员工会觉得既然自己还有进步空间，就说明还有机会再次得到奖励——这个“诱饵”的威力是相当大的。

总而言之，管理者要好好利用“奖励”这种方式，既不能一次性给予员工过多奖励，也不能让员工拿“不明不白”的奖励，而应当在分次奖励的基础上，帮助他们解读“奖励”，这是令奖励真正成为激励员工的有效手段的最佳途径。

“好话”或奖金，员工更爱前者

管理者总是想：“我要如何奖励员工，他们才会更加卖力地工作？”这种疑问的提出，多半是因为你发现单纯的物质奖励已经无法激励他们，而另一种现象又让你觉得诧异：员工爱听“好话”，这是为什么呢？

如今，每一位职场人士都顶着很大压力，遇到上司板着脸的情况，员工不免会犯嘀咕：“是不是我哪里做得不好？”这种心态是普遍存在的。如果管理者能够对下属微笑，或是说上几句鼓励的话，就可以激发他们的工作积极性。

对于员工来说，奖金似乎遥遥无期，也无法估计数量，索性不去期待；对于管理者来说，要给员工发奖金前，都要经过考核、分析等过程，一来二去，双方都容易失去耐性。“好话”就不一样了，不需要经过烦琐的过程，不需要花费很大成本，一句简单的表扬，就可以产生积极的效果。

工作的时候，员工常常对结果持“怀疑”态度，他们担心不合上司心意，所以容易产生焦虑，最终影响工作效率。如果管理者能够时不时地进行口头表扬，就有助于缓解员工的压力，这便是他们更喜欢听“好话”的直接原因。

当然，这与物质奖励也有一定关联。正因为物质奖励不会经常有，所以员工更希望通过日常工作中的“蛛丝马迹”寻找希望。而管理者对于员工的表扬就是其中之一，这也是让员工开心起来的好办法。得到物质奖励的瞬间，员工会产生愉悦的心情，但是过后，又会陷入焦虑和紧张，不妨多采用口头奖励来缓解员工的压力，这样一来，就可以将物质奖励的间隔拉长，对双方都有好处。

《红楼梦》是中国四大名著中最早被改编成影视作品，同时影视作品的版本也最多的一部，其中，当代中国人最为熟悉的应该是 1987 年的电视剧版本。这一版本由于人物形象塑造得忠于原著、音乐荡气回肠、服装环节设计得精致唯美而给观众留下深刻印象。但实际上不论在哪个版本中，作为一号男主角的贾宝玉，其言行举止都会吸引观众更多的注意力，而其个性中那种擅长说“好话”的特点，也值得今天的管理者们加以借鉴。

众所周知，“红楼梦”的世界并不是什么浪漫缠绵的爱情世界，而是真实的社会环境，大观园内部的复杂程度一点不比今天的职场小，人和人之间的勾心斗角恐怕也比今天的上司和下属之间更“精彩”。然而，在形形色色的斗争之中，观众们会发现很少有直接针对贾宝玉的斗争，更是少有“下属”直接和他对抗。一方面这与他个人魅力有关，另一方面也体现了他对那些书童、丫鬟、仆人的管理能力。

和王熙凤不同，贾宝玉没有什么分配经济利益的权力，但他却能用和善的语言去打动“下属”。例如，当丫鬟玉钏捧汤给她时，贾宝玉不小心伸手打翻了汤，烫了自己的手，但他却只管问对方“烫到哪里了，疼不疼”；又如，贾宝玉还经常将自己对“下属”的喜好挂在嘴上，时常称赞丫鬟们的好处……总之，在大观园这个等级秩序明显的微型社会中，贾宝玉绝对算作管理者中善于经营人脉和感化员工的——而他的能力恰恰在于其说“好话”上。

俗话说，“良言一句三冬暖”，好话是能够打动任何人的。而员工同样也是人，他们虽然是为了工作而和上司相处，但也需要上司用充满人情味的话去感染他们、肯定他们。因此，想让员工有不竭动力，就需要管理者利用好精神激励，这并不是说你要随时随地准备好表扬员工，而是在恰当的时候，不吝啬自己的语言，让下属有更为积极的心态。想要做到这一点，管理者就必须充分了解下属产生情绪波动的原因和规律，这样才能在恰当的时机进行有效的精神激励。

首先，找准员工最需要鼓励的“点”，同时掌握口头表扬的力度。很多管理者觉得“好话”都是一样的，其实不然，口头表扬也分场合和力度：你总是表扬下属，精神激励就显得没有意义了；表扬的内容一样，员工就会觉得自己被敷衍了。所以说，管理者应当在员工最需要听“好话”的时候，肯定他们的工作，并酌情给予不同程度的表扬，此时精神激励才会真正发挥作用。

通常情况下，员工会在工作间歇向你汇报阶段性成果，管理者也会不断跟进下属的工作进度，这时候，不妨就目前的工作进行口头表扬。有些管理者认为：“员工并没有完成整件事情，此时表扬会不会令其得意忘形？”事实恰恰相反，对于员工来说，这时候的自己相当于正在“驿站”休整，同时在规划下一步工作，他们需要管理者对自己的阶段性工作进度和成果作出评价，正当此时管理者给予适量的口头表扬，就可以帮助员工产生更多的积极情绪。

当然，口头表扬也要掌握“度”，如同物质奖励一样，应当酌情给予，不能一概而论，否则在员工之间引起议论，也就削弱了精神奖励的作用。

很多管理者头疼：“如何掌握口头表扬的度？”与其说整件事情“很好”、“不错”，不如就某些重要环节进行评价，这样更显出你对下属的重视。例如，A员工负责办公室的装修工作，进度、效果等方面都很不错，管理者可以说：“才两周时间，能完成这么多工作很难得，尤其是装修材料方面，选得非常好，我刚看了进价，算得上物美价廉。”短短一句话，不仅对整体工作作出了评价，同时肯定其中的重要细节，员工就觉得上司的表扬是“货真价实”的。

有些时候，员工虽没有做出非常突出的成绩，但正处于需要鼓励的节点，管理者可以适当说一些“好话”，不一定非是表扬的语言，简单的鼓励或是一句问候，都会令员工打起精神。

其次，“好话”要对每一名员工说，同时给出改进意见。不论你的员工处于管理层还是基层，都渴望听到“好话”，这是大众心理，所以，你要在恰当的时间里，用真诚的语言对所有员工进行表扬或是鼓励，不要吝啬语言，要让它起到积极作用。

但是，不同员工有不同性格，有些人喜欢在公共场合接受上司的表扬，有些人则向往低调，如果可以用下属希望的方式进行精神奖励，则会发挥更重要的作用。

那么，员工最希望在什么时候接受表扬呢？答案自然是刚刚完成工作的时候，此时他们的情绪正处于最高点，表扬越及时，效果越好，等到情绪冷却下来，员工也就不再那么关注这件事了，就无法起到激励作用了。

值得一提的是，管理者可以在表扬过后，提出改进意见，这是巩固激励效果的另一种方式。尽管单纯的表扬能促使下属产生积极情绪，但是在兴奋点过后，他们的情绪会有很大起伏。不论从员工还是管理者的角度说，精神奖励的目的都是为了强化工作积极性，从而做好后续工作，管理者给予员工改进意见，就是为了实现这个目的。另外，帮助员工进步也是管理者给予他们的重要奖励。

可见，管理者多对员工说“好话”，更能激发他们的斗志。与发放物质奖励不同，表扬和鼓励可以直接触及员工的内心世界，因而能够获得更长久的效果。此外，物质奖励的力度更大，容易造成员工情绪上的波动，而精神激励比较温和，有助于员工建立良好的心理环境。这就是说“好话”比物质奖励更深入人心的秘诀。

善意的谎言能让员工变得自动自发

管理大师亨利·明茨伯格说："管理团队就是要管理人心，因为人是最核心的资源，离开了这一点，其他工作都会失去意义。"

既然人是关键，那么，如何让员工有归属感便成为管理者应当思考的问题。你或许听过这样一句话："给员工想要的东西，他就会卖力工作。"什么是员工想要的呢？奖励！

奖励分精神和物质两方面，物质奖励似乎更有"立竿见影"的效果，但是却无法持久，并且一味的物质奖励还容易令员工产生贪婪的欲望，所以越来越多的管理者将更多的关注投放在精神激励上，如果精神奖励利用得好，会收到聚拢人心的效果。

精神激励的方法有很多，美国著名的心理学家罗森塔尔通过一系列实验，总结出一条简易有效的激励法——"权威性谎言"，它的出发点是善意的，并且令员工变得自动自发，非常有益于团队管理。

当时，罗森塔尔已经是非常著名的心理学家了。他来到某个学校，挑选出 20 名学生，并在进行自我介绍后说："我在一群学生当中，很快发现了你们，因为我觉得你们是最聪明的，我的观察力很强，从不会看错，所以相信你们都会非常优秀。"

有趣的是，两个学期后，这 20 个人俨然成为全校最出色的学生。校长找到罗森塔尔激动地问道："这些学生当中，有一部分原先只是中等生，甚至有个别还是成绩很差的孩子，您是如何看出他们会变得优异的？”没想到罗森塔尔这样回答：“我事先并不知道，他们都是我随机挑出来的。”

后来，罗森塔尔将这种方法运用到团队管理中，而这些善意的谎言对于员工来说，简直像久旱后的甘霖，令他们的精神振奋，员工会在激动情绪平复后马上进入工作状态。而这些积极的心理暗示，则成为不断推动其进步的重要力量，很多人因此出现重大改变。仅仅一句“我觉得你是最优秀的员工之一”就改变了他们的命运。

在电影的世界中，也有这样一部讲述善意谎言的作品——《大鱼》（Big Fish）。

电影主人公威尔记得，从自己记事开始，父亲就时常讲述自己年轻时候的那些冒险经历：从战前在阿拉巴马做销售的奇遇，到在河里钓上一条大鱼的故事，再到参加战争的历险和战后遇到的形形色色的奇怪朋友。当然，这些冒险故事充满了父亲加进去的善意“谎言”，但这样的谎言并非是为了欺骗孩子让他们单纯地服从，而是将对世界的善意理解融入了那种有着奇幻色彩的故事里。当孩子们带着对这样的“谎言”留下的深刻印象长大后，他们就会更好地明白什么是社会、什么是生活、什么是勇气、什么是爱，他们就会有更好的心态去应对成长和未知。

这部电影之所以如此打动人心，就在于在电影奇幻的外表下涌动着的真实的温情，而这温情正体现了那种善意谎言的平凡和伟大。每个人都无法否认，在我们成长的阶段中，父母留给我们许多“善意谎言”，但在我们成熟之后这些谎言也不曾令人反感，相反，却令我们体会到父母蕴藏在其中的浓浓爱意。这是因为，善意谎言不仅体现了一种深切关心的保护动机，也体现出了传统教育理念中的智慧。

以此推及管理中，管理者何不也用善意的谎言来打动员工呢？

中国有句古话：“用人不疑，疑人不用。”这与前面提到的“权威性谎言”

有相似之处。对方既然已经是你的员工，就要对其充分信任，你不仅要相信他可以完成某项工作，还得将这种信念传递给他，这是一种有效的精神激励。因为在员工看来，管理者是具有丰富阅历的“权威人士”，所以他的话更具分量，一旦管理者对某位员工作出积极评价，甚至肯定他是非常优秀的人，这名员工一定会信心倍增，心态改变了，做事的风格也会更加积极，这便是员工走向优秀的心理基础。

那么，管理者要如何做，才能利用好“权威性谎言”呢？

首先，管理者要直截了当地说出自己的期望。员工想要的就是上司对他的信任，与各种“转弯抹角”的表达相比，管理者直接说出自己对下属的期望，更容易体现这层含义。

被称为“经营之神”的松下幸之助便深得这种“谎言”的精髓，他希望通过直接与员工对话，并告诉对方自己很看好他们，从而提升下属的工作积极性。在“当面谈”与“电话谈”两种方式里，他选择了后者，目的是避免当面谈的时候，员工容易产生紧张和压抑的情绪。

即使没有特别的事情，松下也会给员工打电话，对方一听是总裁，自然兴奋不已，他会在电话里说：“你是我非常欣赏的员工，各方面都很优秀，我相信你能出色地完成工作，好好加油，以后还有更重要的任务等着你去做。”这句话会产生巨大的推动力，员工心想：“老板居然亲自打电话来肯定我的能力并告诉我‘以后还有更重要的任务等着你去做’，这说明我是特别优秀的人，所以我更要加油干。”

可见，这种善意的谎言令员工的心理状态大大改变，哪怕原来再消沉的员工，在这样的语言推动下也会变得积极主动起来。

当管理者直接说出“期望”的时候，员工会产生瞬间被震撼的感觉，这种感觉可能会持续很长时间，甚至慢慢深入员工的“骨髓”。因为这种感觉的源头太强烈了，所以会产生巨大效应。

从另一个方面看，直接说出“期望”不仅非常符合管理者的处事风格，而且更能为这个谎言披上“善意”的外衣，而这样坚定的态度，最终会传递给员工，不断鼓励对方使其变得更为优秀。

其次，保持“谎言”的权威性和善意性。之所以说这种激励方式算一种“谎言”，是因为管理者可以对任何一名员工说，或许与别人相比，对方称不上优秀，但在积极的心理暗示下，他可以变得很优秀。

毕竟，这还没有成为现实，管理者在与员工交流时，语言表达不能过于夸张，也不能过于保守，前者会让“谎言”缺乏善意性，后者会令“谎言”缺少权威性。一般来说，员工都渴望得到上司的重视，尤其是处于团队基层的员工。基层员工是构成组织的最重要的力量，如果基层员工有被尊重和期待的感觉，就会令整个团队充满战斗力，毕竟基层员工占大多数。

当管理者坚定地说出“你是我最欣赏的员工之一，你将来肯定大有作为”的时候，他们已经蓄势待发，这种激励措施更能深入员工心底，并具有持久力量。

所以说，善意而权威的“谎言”，能够换来下属对工作的积极态度和不断上升的奋斗欲望，这不仅是帮助员工建立自信的重要步骤，而且同时令员工产生这样的心理：老板都如此肯定我了，我当然不能让他失望。正因为大家都有类似的想法，所以团队才能不断进步，而成员会在不断高涨的情绪推动下变得更加优秀。

奖惩需燃三把火

很多管理者都在团队内部建立起“奖惩制度”，却因为这些制度没有发挥应有作用而郁闷：难道员工对它们“熟视无睹”吗？这显然是管理者没有令这些制度“燃烧”起来，它们在员工心目中的分量又怎么会重呢？

设计奖惩制度的初衷，是为了激发员工的积极性，如果没有激发员工内心的竞争意识，奖惩制度的作用就会减小。当员工对“奖励”与“惩罚”表现得很麻木时，说明团队缺乏竞争意识，因为他们并没有以“奖励”为荣，以“惩罚”为耻。

美国心理学家奥尔波特认为：当团队中没有足够的竞争意识时，成员就会变得死气沉沉，对任何事情都无法提起兴趣；团队成员之间缺少竞争，大家都会安于现状，渐渐变得慵懒。

这种情况下，不论多么优秀的奖惩措施，对于不求上进的员工来说，都是毫无意义的。

此时便需要管理者设计一种特殊的奖惩制度，从而调动员工的积极性。很多管理者会想到发钱：“难道我将现金塞到他们手中，还无法调动他们的斗志吗？”答案显然是否定的，等到员工拿了钱，又恢复成原来的样子。所以说，事情远没有想象中的简单。

在电视剧《亮剑》中，有这样一个情节：

独立团团长李云龙善于带兵，他的方法也多种多样。其中最厉害的一招就是杀猪。为了让战士们苦练技术能力，一有条件，他就让人把部队养的猪给杀掉，然后让炊事班煮肉、做汤，热气夹带着香气四处飘散。在那个连口粮都无法天天保证的境况下，这样的菜当然是充满诱惑力的。而想要获得这样的奖励，就要在扔手榴弹的比赛中获得名次——将手榴弹投到箩筐中。当然，战士们要是有其他特长、强项被大家认可，也可以吃肉。而达不到要求的，则只能到旁边闻味儿去。在这样直接的奖励下，李云龙手下的精兵强将一个个地多了起来。

其实，这种奖励，和传统电影上那种旧式军队“谁冲上去赏现大洋十块”的奖励恐怕根本不能比较。然而，由于肉的香味直接触及的是战士的味觉，若能吃到肉，带来的是被他人羡慕嫉妒恨的幸福感，产生的是被团队所重视的荣誉感，而肉本身的价值却不必加以重视。这样，战士们既获得了激励，也没有太大的心理压力。

同电视剧的情节一样，想要激发员工的积极性，就要用好奖惩中的“三把火”。为此，管理者要先充分了解整体环境，如团队处于什么样的位置和状态、员工有哪些工作习惯等，然后再了解团队内部的具体情况，只有这样，才能够正确引导员工进入竞争状态。

为了让员工在积极的心态下工作，管理者应当在恰当的时机“煽风点火”，此时，就引出一个重要话题：让奖惩制度发挥作用的三把火，到底是哪三把火？如何利用好它们呢？

第一把火：员工“逞能”的欲望之火。欲望可以使人奋进，人一旦失去欲望，就会变得懒洋洋，如果你的员工对工作毫无欲望，他们还会积极要求上进并获得成绩吗？很多管理者认为员工之所以没有创出成绩，是因为他们的能力不够，实际上，这并不是主要原因，当他们渴望成功的时候，就会变得积极上进。

想要煽起这样一把火，管理者必须每隔一段时间，就对出色完成工作的员工进行奖励，同时设计好间隔的时间和奖励的力度，只有做好这些才能让火焰不断燃烧。

第二把火：强烈的自尊心之火。心理学家认为：员工的自尊心与工作积极性成正比。这就给管理者留下了机会：只要能够煽起员工的自尊心之火，就会令他们的积极性提高。

现实情况是，有些员工的自尊心很强，有些则较弱，对于后者，管理者更应该经常给予他们精神上的鼓励，从而将员工的自尊心激发出来。

第三把火：优胜劣汰的竞争之火。心理学家奥尔波特曾说："每个人都存在好胜心理，大家的潜意识中，都渴望自己比别人更加优秀。"所以说，这种潜在心理便是一种积极的暗示，当员工拥有这种自我超越的精神时，潜能就会得到充分释放。

利用这样的心理学知识，管理者可以制造出"优胜劣汰"的竞争模式，用"竞争"来激励员工进步，再配以合理的奖惩制度，从而形成完善的激励体系。

既然大家都相信"有竞争就会有输赢"，不妨就采用"末位淘汰"的方式，让员工产生危机感，要想不被淘汰，就必须加倍努力。一段时间后，整个团队就会活跃起来。

由此可见，管理者单单制定出奖惩制度还不够，必须形成一种特殊有效的奖惩氛围，正因为有这种氛围，才更容易激发员工的竞争意识。诚然，管理者煽起的"三把火"则成为调动员工积极性的重要力量。

第七章

决策心理学：
心会告诉你向左走向右走

世界上只有一个史蒂夫·乔布斯

众所周知，拥有众多粉丝的乔布斯俨然成为苹果的精神领袖，人们在感叹他拥有巨额财富和巨大影响力的同时，也为他的个人魅力所打动，到底是什么样的超能力让乔布斯走上事业巅峰?

先来看一段小故事：

某天，苏格拉底走到一个小镇上，看到两组人正准备进行拔河比赛，第一组的领头人说："大家要集中精力，力气必须往一处使。"第二组的领头人要求每个人做好自己的事情，例如，最面前的队员抓紧绳子，后面的队员抱着前面一名队员的腰等。过了一会儿，比赛开始了。

结果是第一组队员齐心协力获得了胜利，第二组队员的力量过于涣散，最终失败而归。

从这个故事中可以看出，良好的决策在团队管理中起着重要作用。不少人会产生疑问："人的心理与最终决策有什么关系？"表面看上去毫无联系的事情，事实上却有着密切的联系，管理者的想法和习惯最终会通过决策表现出来，这就是"为什么世界上只有一个史蒂夫·乔布斯"的原因。我们从乔布斯的决策中可看出，他不仅是个拥有明确目标的人，而且具备十分缜密的心思，为了保证这些决定的可靠性，他都是在经过深思熟虑后才作出判断。

电影《硅谷传奇》（Pirates of Silicon Valley）是历史上最早描述乔布斯的

电影。这部电影虽然是非官方授权的传记式电影，但却真实地描述和再现了苹果公司和微软之间的差异、合作和矛盾。这部电影改编自保罗·福莱波格和米格勒·斯温的传记作品《硅谷之火》，由马丁·波格导演，并于1999年在TNT电视台播出。

在这部电影中，导演和演员共同将电子革命和创业历程真实地展现给观众。乔布斯依靠决策力，不仅改变了自己和苹果公司，同时也改变了世界。其实，正如电影所表现得那样，当PC出现之后，形成了对传统电脑的巨大冲击，而无论是乔布斯还是比尔·盖茨，他们都依靠自己的决策顺应了这种冲击，成就了自己的管理事业。如果说比尔·盖茨的成功更多的还是依靠其资本运营，那么白手起家的乔布斯之所以能从小小的车库中建造起苹果帝国，重要的原因就在于其决策能力。

良好的决策力是乔布斯得以拥有巨大成就的重要因素，也是任何管理者能够提升自己的重要因素。心理学家认为：人的决策力有强弱之分，决策力较强的人更容易影响其他人，相反就难以获得成就。处于管理层的人一般拥有决策权，甚至可以说决策对于管理者来说，是至关重要的事情，决策作不好，执行就有可能出现问题，团队成员对管理者的“敬仰”也会从你能否作出正确决策开始，那么如何成为拥有强大决策力的人呢？应该从以下几点入手：

首先，必须有清晰的目标去吸引员工。管理者作为团队的领路人如果都没有目标，那么员工怎么会不感到迷茫？因此，有无目标是影响决策力的首要问题。乔布斯在成立公司初期，就说出了要“让我的产品引领全球科技潮流”的口号，在这种信念的推动下，乔布斯最终获得成功。对于员工来说，老板拥有清晰的目标，并且在决定所有事情时都牢牢锁定目标，这便为团队积蓄了力量，从而令公司快速成长。

其次，必须有明确的战略去引导员工。很多管理者之所以没有取得成就，是因为缺少明确而坚定的方向，今年要做这个，明年又要换个项目，工作不讲求战略性，团队就像无头苍蝇。员工作为执行者当然更希望在有明确发展战略的团队中工作，否则就会大大影响他们的心理。当工作缺乏安全感时，员工的积极性就很难被激发起来。

乔布斯从创建苹果开始，就将其定位为高端产品。在过去的几十年间，他的所有决策始终没有偏离这个方向，即便在苹果公司面临危机、很多股东提出质疑的时候，乔布斯都一直坚定地走既定路线，最终他成功了，将团队带向世界舞台，而在这样的平台上，员工都成为“有功之臣”，这就是乔布斯能够留住人才的关键。

再次，关心你的员工。人是构成团队的基础，如果管理者没有“慧眼识人”，也没有留住人才的决心，就算作出了多么科学的决策，都不会有合适的人去执行，还何谈成功?

乔布斯同样领悟到这一点的重要性，他不仅花费很多精力来留住人才，而且不惜代价培养人才，这是构成他强大决策力的重要部分，可以说，没有强有力的人才团队做基础，乔布斯就没有信心作出正确决策。所以说，员工的能力与管理者的决策力息息相关。

最后，管理者与员工要做好沟通工作。只有沟通才能打破上下级之间的隔阂，从而带来良好的互动和共鸣。很多时候，由于上下级沟通不到位，从而导致双方的想法彼此难以理解的情况，如果其中再存在隔阂，就很容易令员工产生误会。

良好的沟通一定要及时、高效。假如管理者对员工情绪置之不理，久而久之，他们便不再愿意同管理者交流，一旦信息的传递出现障碍，单凭每个人对工作的不同理解，势必导致双方朝着不一样的方向前进，这显然对管理者作出正确的决策没有好处。

而乔布斯就非常注重与员工的交流，他在作出决策之前，必须要充分了解员工的想法，这是他得以作出正确决策的基础。他认为：没有及时进行沟通，问题还在那里，对决策是非常不利的。

做好以上四个方面，是管理者作出良好决策的心理基础。对于员工来说，他们需要具备强大决策力的上司，从管理者的角度说，正确的决策是带动团队发展的重要手段。

为什么青蛙会好端端地被温水煮死

一个心理学实验是这样的：

工作人员将青蛙放在凉水中，它们能够安安稳稳地坐着，突然往其中倒入滚烫的开水，青蛙马上跳起来，在这种剧烈反应下，青蛙得以生存。过了一会儿，工作人员又将青蛙放在凉水中，它们依旧安安稳稳地坐着，此时，工作人员已经将水慢慢加热，水由凉变温，青蛙却没有一丝察觉，就这样，青蛙好端端地被温水煮死了。

对上述情况很多人这样解释：是因为青蛙没有感觉到危机的降临，所以产生了这样的悲剧。的确，青蛙的悲剧不仅仅在于决策失误，根本原因是它们太过安于现状。因为“生活”的环境很舒适，让青蛙们渐渐失去了斗志，而一旦失去危机意识，青蛙们就会很危险。

在电影的世界中，也有这样因为安于现状和大意，最终酿成惨剧的故事。

1997 年，著名导演詹姆斯·卡梅隆担任创作、编辑、制作人、监制和导演，好莱坞著名影星莱奥纳多 · 迪卡普里奥和凯特 · 温丝莱特共同出演完成了电影《泰坦尼克号》(Titanic)。这部电影以 1912 年的泰坦尼克号沉船事件为背景，展现了一段荡气回肠的爱情故事。整部影片拍摄成本达到 2 亿美元，是当时历史上最昂贵的电影，然而全球票房却一举突破 18 亿美元，并获得奥斯卡奖的 11 项大奖。2012 年 4 月 4 日，这部电影又以 3D 形式重新发布制作。

随着这部电影的热映，人们对于泰坦尼克号沉船事件的原因也重新加以研究。从最直接的原因分析，首先在于这艘巨轮的瞭望员缺乏足够的安全意识和警惕性，当他看到冰山并报警时，已经无法避开；其次的关键责任人则是二副，正是他将望远镜锁了起来导致瞭望员只能肉眼观测，他随后的决策失误又让泰坦尼克号从侧面撞击冰山，致使船体被划开更大的口子。而如果再往前追溯，人们还能发现，早在起航后的第四天，船上的报务员就收到了紧急电报，提醒他们注意冰山在一反常态地向南漂浮，已经移到了附近海域。到了 4 月 14 日，泰坦尼克号再次收到了这样内容的电报，但是，这些警报并没有受到应有的重视——第一次警报被放到一边，而后两次警报则根本没有被送到指挥室……

上述这些原因，来自于泰坦尼克号上那种安全感十足的气氛：所有人都认定这是一艘不沉的船，而正是这种疏忽大意才导致悲剧的发生。

管理者就像一艘船的船长，但管理者也常常犯类似的错误：当你觉得团队目前状态很好的时候，“危险”或许正悄悄降临到身边。团队对于员工来说，不仅是一个平台，同时是赖以生存的环境，如果这个团队岌岌可危，没有丝毫应对突发情况的能力，员工就难以有安全感，这样一来，下属则更容易产生消极情绪，进而不利于管理者作出正确决策。

管理者缺少危机意识，就会满足于现状，此时，团队会向外界释放“舒适”的信号，员工也容易在固定模式中过着安于现状的生活，这正是削减团队竞争力的过程。然而，外界的一切都在发生变化，唯独你的团队还保持不变。无忧无虑的日子不会太长久，当团队遇到外部压力的时候，可能瞬间就会被淘汰。

管理者过于安逸，容易将这种心态“传染”给员工，其他团队不断成长，而自己的团队日益下滑，最终影响员工的积极性。作为决策者，如果无法在恰当的时机作出有助于团队发展的决定，很容易错失良机。如果管理者不寻求改变，就容易在固定模式中“死亡”。所以说，必须要有危机意识，从而为员工提供希望中的“安全平台”。不少管理者具备危机意识，在作出决策前，都要充分考虑身边的不安定因素，令决策成为推动团队进步的力量。同时，管理者的危机意识也会传递给员工，当整个团队都活跃起来时，对决策管理也是有帮助的。

首先，过于安稳和舒适的环境，是摧毁危机意识的基础力量。从人们的内心来说，是渴望拥有安稳环境的，然而这种环境虽然会令人觉得舒适，但是不利于生存——这种只是表面看上去有安全感的生存方式，掩藏着巨大的危机。

当管理者沉溺于安稳舒适的环境中时，就再不会去想如何作出正确的决策来巩固目前状态，甚至追求更好。这种“恶性影响力”若在团队中传播开来，会对成员的心理造成很严重的消极影响，随之而来的，是危机意识和决策力的下降。

其次，留意外部变化，才能帮助员工找到内心安宁。不论团队是否处于变化中，外部环境都在不断改变，德国心理学家阿多诺曾经说过：“若你没有注意到外界环境正在发生变化，就会令自己陷入被动。”

拥有较强决策能力的管理者，一定具备较强的观察能力，多留意团队外部的变化，有助于管理者及时地作出有利于团队发展的决策。

最后，留意发展趋势，让员工看到未来。在很多心理学家看来，当外部出现变化的时候，团队内部总会多多少少受到影响，在这种情况下，管理者就需要学会从不同角度考虑问题，不论站在决策者还是执行者的角度，都希望团队可以越走越远。

管理团队的过程中，最令人担心的，不是突如其来的问题，而是隐藏于深处很难察觉到的问题，前者就像给坐在凉水中的青蛙倒入滚烫的开水，会马上激发出反抗力，后者则像处于温水中的青蛙，在安逸中慢慢死亡。

想要让员工看到未来，就必须令团队具备危机意识，这种警惕性是推动管理者的正面力量。不安于现状，不寻求舒适的环境，而是有勇气打破固定模式，不断寻找新的出路，只有在这种管理模式下的团队，才能得以发展。

选项太多反而影响决策效率

不同于以往的时代，这是一个充满机会的时代。每个人从上学时起就在不断地选择：选择自己喜爱的学习科目；选择自己的努力方向；选择学文还是学理；选择考怎样的学校；选择职业；选择老板；等等。但是，当选项过多的时候，有人便会心理失衡，这种情况被称为“选择困难症”。

选择困难症，又称为选择恐惧症。从心理上来说，这是一种表现为不自信、不愿意承担责任的心理问题。这种心理问题的表现，也就是缺乏自立的意识，害怕承担失败的风险。因此，在这样的错误心态影响下，当选择到来时会感到无法选择，难以作出让自己真正满意和放心的选择。尤其是还要必须作出选择，往往会感到压力更大，甚至恐慌不已、汗流浃背，但却还是无法作出最终决定。

香港电影《天生购物狂》中，主角方芳芳因为心理问题而成为“购物狂”，结果经济陷入困境同时遭遇着不断失业的窘况。在痛定思痛之后，芳芳决定去看心理医生以便解决自己的问题。然而，城中专门治疗“购物狂”的心理医生李医生，又恰好是一个有着选择恐惧症的心理病人。一日，他在茶餐厅中正为点什么午餐而烦恼不堪时，擅长消费选择的方芳芳正好坐在他身后，并帮助他作出了选择——方芳芳怎么也没想到，这位难以克服选择恐惧症的“病友”，居然就是自己的医生。而李医生竟然决定聘请方芳芳当自己的护士，在工作搭档之余，展开相互治疗。

就这样，一个心理病人，开始治疗另一个心理病人，在这个过程中，两个人互相弥补对方不足、发现对方优点，开始越来越合拍……

影片中，李医生虽然是心理医生，但并非不存在心理问题。实际上，管理者也同样如此，虽然在管理过程中他们能够不断地去寻找、分析和解决员工身上的问题，但这并不代表管理者本人没有问题。一般来说，选择恐惧症属于强迫思维，往往知道没有必要，但还是在不断地反思自己选择的正确性。这样的人通常做事相当小心谨慎，有着过多的自我保护意识。另外，选择恐惧症在本质上也是强迫症的一种，而强迫症者通常是因为从幼年开始就接受严厉的教育，从而导致生怕出错而容易紧张，容易考虑太多。

当然，管理者或许在面对管理工作时，并没有表现出直接而明显的选择困难症症状，但他们还是有可能在选择项目变多的情况下，发现自己反而不清楚该如何带领团队行动或者采取管理举措。

例如，在决定某个项目究竟应该让哪个下属去执行的时候，管理者就经常会陷入不断的思考和比较中而难以作出决断。他们会想：A 比较谨慎，这一点让工作的安全系数有充分保障，然而，他的过于沉稳又很难激发员工们的活力；B 充满创新意识，这能让项目中的潜力得到挖掘，但是，B 有时候又喜欢独断专行；C 看起来都不错，但偏偏他和这家客户以前有过并不算成功的合作……最终，管理者会因为手下选择太多，而难以作出真正说服自己和他人的决定。

实际上，在更多的工作中，管理者也会因为类似的原因而感到选择的难度在不断提高。从某种方面来说，这样的心理感受是正确的。因为当提供给我们选择的空间和机会变多后，任何管理者都会因为条件的变化而感到决策难度加大。而这一点，还需要对决策的心理过程加以研究。

决策是什么？决策就是对组织活动进行计划、组织、领导和引导、控制等一系列活动之前，作出的具体选择。这些不同的选择，与具体的目标及行动方案有着紧密的联系。同时，决策可以分为程序化决策和非程序化决策两种，尤其在后者中，管理者更需要搜集各种不同的备选方案，根据直觉和理性的分析加以充分的判断。因此，当决策的条件增多以后，随着可选项目的变多、备选方案的增多，决策的难度增加也就顺理成章了。

然而，这样的增加，只能控制在一定的范围内。这也就意味着管理者必须学会正确面对备选条件、项目和方案增加的情况，而不能陷入“选择困难症”的泥潭中去。例如，一些管理者由于无法确定决策本身最重要的需求，无法获得心理上的平衡感，因此总是觉得还有更好的方案；还有一些管理者由于无法认清决策本身需要承担的风险，而无从得到心理上的满足感，难以承担自己的抉择后果。当然，另外一些管理者因为对自身管理工作、环境或者状态有着不满，他们将这种对自身的不满投射到具体的工作过程中，结果通过逃避选择来逃避对自身的不满。

因此，要克服选择困难症，就必须正确面对和处理决策过程中增多的因素影响，只有这样才能保证管理者既能够充分利用好这些影响因素，同时又能够提高决策的效率。

首先，管理者应该充分提升对自身管理能力和经验的信心。的确，今天的管理工作较之以往有着更多的难度，但这并不代表传统管理方法和经验缺乏价值，反之，如果能够在新时代、新环境下充分领悟传统管理方法和经验，将新旧加以融合，就可得到真正推动管理工作现状的可能。这就需要管理者确信自身的能力和经验，相信自己能够不断站在过去的成绩上面向未来，为自我和团队都带来强劲的提升。

其次，管理者应该学会将影响决策的因素进行分类。当影响管理决策的因素变多时，管理者需要的并非是立刻抓住自以为重要的因素来分析决策凭据，而是应该花费一定的时间和精力，对这些看似错综复杂的因素进行准确分类，例如，从人员、时间、空间等方面进行充分的解读和评估，确定其影响的大小。由此，影响因素将得到进一步明晰。

另外，管理者还应该对决策所要起到的作用、达成的目标有充分的认识和了解。在具体管理所作出的决策中，很难有一个所谓包容一切目标的决策，因此必须通过不断地决策来形成团队不断的工作任务，从而获得不同目标的完成。当管理者认识到这一点后，他就能够抓住重点，完成不同的决策，避免因为担心决策的“不完整”而无法进行重要的决断。

管理者不必凡事都和员工商量

在作出决策之前，一方面，管理者需要和不同的角色进行有效的沟通，从而获得多侧面、多渠道的信息；另一方面，管理者也需要在这样的过程中，全面地获得整个团队内部的不同反馈和帮助。实际上，不少管理者也已经将这样的工作习惯融入了自己的管理日程中，例如，他们会在布置工作之前和兄弟部门或团队协商，或者向上级请示，或者与客户沟通，等等。事实上，管理者也确实应该注意和员工商量这一重要步骤。

管理者之所以需要和员工商量，并非仅仅出于对员工的尊重，更是出于管理的实际需要。

一方面，员工是管理的具体对象。但管理和生产有着很大的区别，其区别正在于员工是具有个性特点、自身经历和思想情感的人，而生产的对象是无生命的原材料。因此，从某种角度来说，管理更接近于销售，而管理中的“客户感受”即员工感受，会影响管理的成败。因此，管理者不能不重视其“客户”的感受，要与他们商量以确定管理的步骤、目标、方法和过程，从而取得他们的理解和配合。

另一方面，员工也是管理手段实行的具体渠道和因素。我们很难想象，如果没有员工在第一线加以执行，管理者如何能够将自身的决策手段转化成为整个团队的前进动力和方向，如何仅仅通过个人的创意设计就能产生良好的结果。事实上，只有当每个岗位上的员工都能够成为管理者沟通、商量的对象之后，这样的管理者才是对团队有益的，也才能够得到良好的管理效果。

但是，从另一个角度看，过于依赖和员工商量的管理者，又难以获得成功，甚至可能不仅无法获得上述成果，反而因为太看重和员工的商量而丧失管理的良好机会。

1980 ~ 1987 年，一部以内阁大臣为背景的情景喜剧《是，大臣》（yes Minister）在英国 BBC 播出，在英国受到了从普通观众到不同派别的政治家的喜爱。这部电视剧讲述的是在野的“影子内阁”成员 Hacker 因为帮助本党竞选获胜而成为英国内阁中的行政事务部部长。然而，他发现从此自己面对着比较复杂的下属体系，其中一派是以 Appleby 为代表的传统公务员，另一派则是他的公派私人助理 Bernard。结果，在政务官和公务员因为如何施政的问题上，不断发生着上下级之间或冲突，或默契，或配合，或矛盾的关系，而 Bernard 则只能在其中勉强地左右逢源。

这部电视剧之所以能够在 IMDB 评分中获得 9.1 的高分，主要是因为它折射了英国政府从传统到现状的体制问题，也表现了在这样的体制下产生的管理问题。部长看似是主管，但并不能掌管一切，由于作为政务官身份（并非职业官僚），部长 Hacker 有许多在程序和实际上的问题需要通过下属 Appleby 以职业公务员身份来操作。而部长本人自己又显得优柔寡断、缺乏果断力，喜欢凡事都去“请教”Appleby。就这样，整个团队看上去不仅无法平衡，甚至有着“仆做主人”的嫌疑。

其实，这样的情节并非仅仅发生在电视剧上，一些企业组织的管理者，基于种种原因频繁地去和员工“商量”工作，分析其心理动机主要包括下面几种：

第一，担心自己的管理决策无法得到员工的理解。实际上，管理者在作出决策之前，就应该和员工进行充分沟通，而并非仅仅出于担心才进行盲目自我、缺乏时间限制和实际要求的“商量”。

第二，担心自己的管理决策不符合团队实际。决策的确要符合团队或工作实际，但这种符合实际并非只是通过管理者的“商量”，而是要通过他们对团队和工作实际的有效观察和分析，整合其中的信息，并得到管理决策的凭据。

第三，并未将自己真正定位到管理者的角色上。由于一些管理者原本是在团队中担任基层工作的，缺乏站在较高位置看待团队、组织工作的有效经验，因此，当他们成为管理者之后，更需要及时转变看待工作的态度和思考方法，同时在心理层面积极树立自己为团队核心的理念。这样，管理者才能做到减少那些和员工进行的不必要的“商量”，从而真正担负起自己应有的工作职责。

为什么心理学家远不及田间的农夫聪明

一个心理学家，他受过高等教育，每天从事科学研究工作，因此觉得自己智商超群。一次，他参加了某电视台的智力竞赛活动，经过几轮淘汰赛之后，心理学家面对的是一位从乡镇中走出来的田间农夫。

比赛的模式是一题决定胜负，采用抢答方式，规则是主持人提出问题，心理学家和农夫抢答。两个人聚精会神、蓄势待发。

题目是这样的："一位听障人士去五金店买钉子，他做了敲击钉子的手势，于是店员就懂了。而一位盲人要去这家店买剪刀，他应该怎么办呢？"

心理学家立刻抢答："他应该做剪刀的手势。"

农夫却慢悠悠地说："不对，盲人只需要说出自己想买剪刀就行了。"凭借这个答案，农夫获得了比赛的最终胜利。

这个故事虽然不一定是真事，但却完全有可能发生。心理学家虽然懂得心理专业，但并不一定在所有问题上都能表现出比农夫更加科学的思维。同样，农夫虽然接受教育程度不高，但他却具备心理学家所不一定具备的优点。具体来说，这样的区别，体现在两种人群的思维定式上。

作为受教育多、思维深入而接受信息量广泛的群体，心理学家也好、管理者也罢，他们很容易对自己所经历过的学习和工作经验由信心而上升为过度自信，再形成对思维定式的依赖。这样，他们在迅速的思考判断下就很容易出现故事中的那种"盲人做手势"的错误。与之相反，正因为农夫没有接受过那么多的教育，没有经历过大量的理性思维工作，反而不容易受到既有思维定式的束缚。

实际上，思维定式每个人都会产生，即使是农夫，在其长期从事的领域中，也会产生思维定式。从某种方面来看，思维定式带有一定的合理性，但是，在管理中，由于强大的惯性和停滞性，思维定式带来的影响也常常是负面的。因此，管理者必须要吸取经验教训，学会突破思维定式，从而做到思维创新。

从对思维定式的改进方法来看，主要可以分为专业思维定式、设计思维定式、心理思维定式、经验思维定式和逻辑思维定势等。管理者应该对这些思维定式进行分门别类的心理原因探究，然后再予以改进。

专业思维定式，主要是指长期从事某一个专门技术或者行业而产生的思维定式。管理者由于长期从事管理工作，或者在担任管理工作之前长期从事基层工作，这样的工作经验积累导致其在进行工作中产生错误的预判。对此，管理者应该主动地从自身原有的角色态度中跳出来，寻找管理对象表面之外的领域和范围，然后参考其他问题的解决思路和途径，从而分析和获取新的方法并予以借鉴、移植和运用。

设计思维定式，主要是指在管理者设计工作程序的思想中，受到了原有工作程序的管理思想、设计方法、程序监管、目标引导等的影响而形成的思维定式。这就需要管理者在以往的工作程序上进行主动的怀疑和思考，从而发现和解决其中的问题。例如，在管理之前多问问自己为什么需要这样的程序、是否有必要、是否已有改进、还可以怎样做得更好，等等。

心理思维定式，这样的定式是管理心理过程中的一种障碍，也是对管理者自身管理创新能力的一种束缚。只有克服这样的心理障碍，管理者的创造力才能够得到充分的发挥和解放。具体来说，对心理思维定式的突破，需要排除管理者种种不良的思维定式，如自卑、自满、成见等，从而战胜自我、获取进步。

经验思维定式，是指管理者在工作实践过程中直接获取的对事物表面现象的初步认识。例如，通过管理实践所获得的工作知识、工作技能或者规律，并进行系统整合，而获得来自经验的结论。虽然这样的经验具有一定的科学性，但同时也具有一定的局限性和片面性。因此，管理者一方面要积累管理经验，另一方面也要学会质疑和推翻自身的管理经验，并采用新的方式积累经验、形成方法。

逻辑思维定式，思维主要分为逻辑思维和非逻辑思维两种。前者讲究准确性和严密性，并凸显其中的条理性，后者则主要运用形象思维、发散思维、逆向思维和灵感思维等不同的形式加以思考。这样，管理者的思考过程会体现出更多流畅、灵活、创新的可能。

管理过程本身是科学的，但不应该是死板的。因此，管理者应该做到有效地突破既有的思维定式，让自己的创造力“飞起来”，让自己成为更有思考效能的团队领导者。

两块手表会让管理者有时间错乱的感觉

有这样一个明显的心理学现象，几乎所有人都能有所体会：当我们手头只有一块手表的时候，每个人都能清楚地明确时间，并据此安排好个人工作和彼此之间的配合。相反，当我们手头有两块以上的手表时，却经常会因为两块手表之间的差异，而导致时间的错乱，难以进行配合。

人们在做任何事情时，都可以采用两种不同的方法，但却并不建议像用两块手表那样同时采用。同时，人们也可以在经历事情时设定不同的目标，但也不应该试图同时去实现。否则，很容易造成标准的混乱，带来思维的混乱，让人们无所适从。

从手表的运用上来看，一旦两块手表表现出不同时间时，使用者必须要首先确定哪一块是唯一正确的，哪一块是不正确的。其次还要了解这两块手表之间的差异，或者明确其中哪一块对自己才更有用。这样，使用者不仅会因为手表数量变多而无法确定时间，反而会对现有时间的准确度失去应有的信心。

大导演克里斯托弗·诺兰在2010年为期待已久的观众们带来了一部超越现实的电影《盗梦空间》(Inception)，这部电影在全球上映后，将无数粉丝带领着游走在现实和梦境之中，被誉为一部发生在意识结构中的动作科幻片。因此，《盗梦空间》不仅连续三周在北美获得电影票房冠军，在IMDB网站上的评分也一度冲到9.3分之高。

那么，《盗梦空间》究竟讲述了怎样的故事呢？

科布是一个经验丰富的窃贼，只不过他偷取的并不是实际的财物，而是进入人们的梦中，窃取人们潜意识中的丰富信息和秘密。

在某次任务中，因为科布潜意识中前妻梅尔的破坏，科布和同伴没有窃取到意识目标，因此面临着两天之内就会被杀的危险。而为了保命，他们接应的同伴将他们出卖给了之前偷取的对象——斋藤。就这样，斋藤找到了他们，要求他们能够为自己服务……

在影片中，最重要的情节矛盾之一就是其中天马行空的设定。在片中，世界一共有六层，分别为：现实世界、第一层梦境、第二层梦境、第三层梦境、第四层梦境和迷失区域。对于普通人来说，做梦时只会在第一层梦境中，而通过服用药物，才能进入更高层，但想要从更高层回到低层，要么通过所谓的“kick”即高速下坠的方法，要么就是被杀死。当然，坐等药物效果过期也是一种办法。

这样，对于电影中的人物来说，问题就相当棘手了。由于无法找到统一固定的标准，因此自己很难清楚自己究竟停留在哪一层梦境中。除非冒险使用高速下坠或者被杀死的方法。而片中科布和前妻在高楼上所面对的窘境，也正反映了在这种“两块手表”的心理定律下所容易发生的抉择困难。

虽然这是一部科幻电影，但结合心理学定律依然能够给管理者带来重要的启发。事实上，管理实践中也发生过类似的失败案例：美国在线原本是一家新生的互联网公司，企业文化强调灵活迅速、快速抢占市场，而时代华纳公司则有悠久的历史，强调诚信和稳定的创新。但是，当两家企业合并之后，企业管理者如同进入了“两块手表”的梦中之梦，无法判断清楚自身的价值观和操作方法，导致企业未来发展模糊。最终，这两家公司的合并以失败告终。

对于管理者来说应该清楚，在一定的时间段内，为了搞清楚企业的发展方向，只需要一块走时准确的手表就够了。或者说，你只要选择你认为时间准确的一块，信赖它并尽量校准它，以便让其作为整个团队的标准，让团队听从其指引而行动。

具体来说，管理者首先应该学会面对他人、环境或者外界的压力，选择那个真正正确的标准，然后帮助自己的管理获得应有的成就，帮助整个团队找到应有的道路。

其次，管理者还应该在一定程度上学会正确面对和应用“模糊心理”。所谓模糊心理，就是指在管理过程中出现很难决策的情况下，管理者利用潜意识的经验、心理和灵感作为主要基调，作出符合潜意识的正确选择。实际上，根据管理心理学的研究表明，模糊心理并不模糊，其所谓的模糊只是在表达方式和过程上。而正确的模糊心理则是管理者在成长过程中经过不断积累而获得的良好心理积淀。这种心理积淀或许并没有一种明确的形成原因或直接的表达渠道，但是，正因为有这种心理积淀的存在，管理过程中才经常能作出最符合实际需求的决定。实际上，可以把这样的决定看作是管理者面对复杂的工作情况而出现的第一印象。因此，相信自己的模糊心理，在事实的矛盾选择面前，也能够帮助管理者获得最安全的心理保护，因此也是值得提倡的。

当然，管理者不可能总是靠“模糊心理”来解决目标不清或者原则不统一的矛盾。在工作过程中，管理者还应该有效地将现实工作中的困难梳理清楚，从而对应自己手头的工作方法或原则，找到更好的标准来检验这些方法或原则。例如，当你无法确定自己的手表是否准时时，最好的办法并非找另一块手表，而是去和互联网上的标准时间进行校对。同样，当管理者无法确定自己工作的方法或原则是否正确时，最明智的办法也不是马上了解抑或更换其他方法或原则，而是要通过对组织利益、客户要求或者上层决策的深入观察和理解，从而得到方法和原则的调整方向。

第八章

情绪心理学：
好心情让管理工作如鱼得水

为什么会拍马屁的员工看似讨厌却很吃香

身为管理者，很难发现身边没有喜欢阿谀奉承的员工。事实很明显，抱有阿谀奉承心理和习惯的人，他们自然对管理者有着不同于一般员工的需求和目的。然而，许多管理者一方面知道这一点，另一方面又在实际工作中对这样的员工相当“欣赏”。于是，许多团队中的人际关系事实都说明，这些善于拍马屁的员工，不仅并没有让人讨厌，相反却相当吃香。

2012 年的韩国影片《马屁王》，就是一部通篇讲述“马屁技巧”的搞笑电影。

这部电影的主演成东日，曾经在多部作品中展现过自己的喜剧天赋，被观众们认可和喜爱，另一位主演宋清晨，也是近年成为一线明星的演员。电影讲述的是宋清晨饰演的保险公司职员东植向来老实憨厚，并不擅长处理人际关系，由于父亲欠了别人许多债务，自己不得不尽快致富来偿还。因此，东植不得已找到了传说中能够点石成金的“马屁达人”舌如簧学习拍马屁的技术。尽管这个学生在情商方面较为欠缺，但舌如簧依然还是将蕴藏在他身上的谄媚天赋激发了出来。经过一系列的艰苦训练后，东植终于找到了拍马屁的诀窍，然后摇身一变，成为保险公司中的业务骨干，从此以后其事业和生活都发生了相当大的变化。

由于这部电影内容贴近生活，尤其关注了社会底层小人物催人泪下的奋斗历程，表现出了绝大多数企业小人物一步步走向成功的辛酸困苦，因此，在2012年暑期档中成为一部备受关注的喜剧电影。这部电影充分地表现出了在现代社会中的那些虚伪人际关系和利益追求，其中的一些马屁特训，更是让观众感到电影和现实中的那些“无厘头”成分。例如，“对我来说，没有什么所谓的自尊心”“要把头脑留在家里”等诸如励志学口号的对白，同时也让许多草根观众感到期待和欣赏。特别是其中扮演马屁大人的成东日，更是展现了许多诸如“马屁是情感营销”这样的职场“真理”，许多类似的台词令人寻味。

对管理者来说，这部电影反映出的主题更加耐人寻味：你为什么喜欢那些“拍马屁”的员工？他们为什么会在团队中“吃香”？

从心理学上来分析，每个人都有着获得他人认可、赞赏和尊重的心理需求，因此，那些“拍马屁”的员工，总是能比其他员工更快地发现管理者身上的优点，找到他们作出的决策中那些科学成分，同时帮助管理者确认这些内容。因此，管理者总是能在被“拍马屁”的过程中积极了解到自身的价值，获得正面的心理反馈，得到充分的推动力，拥有积极的鼓励。这样，他们在情感上必定会倾向于喜爱和接受这些总是能够从正面“阅读”自己的员工。

而从团队心理学上来看，这些“拍马屁”的员工，虽然做出的“拍马屁”的行动有着其不同的目的，但其中的过程却是接近的，即他们总是能通过不断的观察、寻找和思考，发现管理者的管理细节的价值和意义，并找到这些管理方法给团队带来的正面影响。因此，在他们完成这些行为以后，便无形中给团队找到了一个正确的努力和行动的目标，指出了团队应该拥有的具体范本和方向。相比于那些总是埋头努力工作而从来不愿意“拍马屁”的老实员工来说，他们对于团队中不同同事、员工乃至客户、合作者的影响，都反而更高。

从“拍马屁”个人的心理来看，这样的员工通常都具有更高的情商，能够更加集中注意力于沟通的方法、过程和效果上。结合当今职场来看，“拍马屁”的员工大多也擅长处理人际关系，不仅能够提供情感上的需要，同时擅长协作和互动。因此，这些员工不仅能够深得管理者的充分欣赏，也大都能在团队中得到良好的评价，受到身边同事的重视。与之相反，那些从不考虑“拍马屁”的员工，有可能过于强调自身的个性，过于看重自己的能力或者立场，而不能容忍他人的长处，更不愿意接受领导对自身错误的指正。因此，这种人通常都认为自己不需要对他人包括领导在内的任何人进行赞美，领导反倒需要来主动征询其意见。很明显，这样的人在团队中表现出的情商并不高，体现出的价值和被他人承认的机会也就相应减少了。

因此，一方面，管理者需要认识到，“拍马屁”的员工能够在团队中获得更多空间，这并不一定是错误的迹象，其背后也有着正常的职场心理反应。但另一方面，管理者也需要正确应对“拍马屁”。针对一些缺乏实际工作技能和态度而只是喜欢专门靠“拍马屁”引起管理者注意和同事好感的员工，管理者一定要注意做到在表面上“接受”，而在心理上保持应有的清醒。

管理者应该注意，对于那些实事求是的评价，自己可以做到接受和认可，而对于那些典型的阿谀奉承，自己则应该学会加以明辨：哪些部分是出于实际仅仅是稍微过分的赞美，哪些部分是试图通过夸大其词而达到其自身目的，哪些部分含有可以吸收的内容，哪些部分完全不需要考虑听取，等等。对于那些出于真心而只是赞美过分的员工，不妨稍微谦虚下，表示你对他们的理解、信任和尊重；对于那些有个人意图而片面阿谀奉承的员工，则不需要过多理会。

另外，管理者还应该认识到，企业中需要那些善于组织、经营人际关系的下属，同时，也离不开那些默默工作从不会“拍马屁”的员工。对于这样的员工，可能他的确无法满足同事和你的心理需求，不会给你什么良好的肯定、夸赞，但是，他们为团队的奉献并不比其他人少。管理者更不应该以是否会称赞自己为基础来理所当然地忽略他们的价值和存在。

管理者并不讨厌“多嘴”的员工

几乎在每个企业中，都或多或少地存在着这样的员工：他们虽然有着自己的工作岗位和职责，但却依然将自身的关注力分散到对情况的评论上。同时，这种评论不仅表现为员工个人身边小圈子内部的舆论，还会体现为员工在工作抑或休息的一切时间内都可能发生的“多嘴”。这些“多嘴”的员工和一般员工不同，他们常常喜欢说出自身对团队中不同策略的看法，表达对这些策略的意见，展示自我在这些意见背后的重要性，或者评点管理者在这些决策意见中的作用，等等。一般情况下，这些员工并没有多少集中的观点，而是想到哪儿说到哪儿，单纯成为那种传播八卦消息、小道新闻的“小道消息者”。

有意思的是，虽然这样的多嘴员工经常会被身边的同事讨厌，但作为管理者，却并没有表示出同样的态度，甚至一些管理者还表现出了对“多嘴”下属的喜爱。不少管理者宁愿欣赏那些“多嘴”员工，也不愿意和成天沉默寡言的下属打交道，而在挑选自己的得力助手时，这种倾向则表现得更加明显。另一些管理者则直言：不喜欢交谈，就是不喜欢交心，不喜欢交心的下属，我为什么要欣赏他？

其实，不仅仅在管理过程中，在影视的世界中，人们也往往对那些多嘴多舌的角色报以更多的喜爱，对其留下更深的印象。

动画电影《怪物史莱克》（Shrek）在 2001 年上映，其导演是美国好莱坞的著名导演安德鲁·亚当森和艾伦·华纳，而背后的制作公司则是鼎鼎大名的梦工厂。这部作品改编自童话作家威廉·史泰格的同名童话绘本，而其中的大量笑料则集中在对许多经典童话的颠覆性嘲讽上。这部电影因此而获得了许多观众的关注，并吸引了不少大牌演员参加配音。最终，本片在当年就获得了2.67亿美元的票房，打破了《狮子王》(The Lion King)的票房纪录，并维持到2003年。此后，这部电影还产生了书籍和游戏等衍生作品。

这部电影讲述的是这样一个童话故事：在很久以前，一个不知名的沼泽中，住着一只名叫史莱克的绿色怪物。他其貌不扬，但心地善良。有一天，他平静而悠闲的生活被几个不速之客打破了：一只眼神不好的小老鼠、一只大坏狼和三只小猪，显然，这些角色都是从童话王国中逃跑出来的。而史莱克为了能让它们离开自己的沼泽地，让自己清静下来，就让一只会说话的驴子带路，带领自己去童话王国找国王。

一路上，虽然驴子笑料百出、蠢事不断，加上天生的话唠脾气，让史莱克无可奈何，但是驴子却对史莱克忠心耿耿，竭尽全力帮助他，并提供了许多有效的信息。最终，史莱克成功地完成了国王的任务，救出了公主，并在那只多嘴多舌的驴子的撮合下，最终和公主因为真爱而走到了一起。

在这部影片中，许多观众都感到，没有多嘴多舌的驴子，故事情节会变得索然无味。因此，让他们最先想到的电影角色，恰恰是这只总是在说话的驴子。其实，好莱坞许多电影中都有这样的“话痨”存在，如《尖峰时刻》(Rush Hour)成龙大哥身边的黑人小兄弟、《第五元素》(The Fifth Element)上那个不男不女的黑人疯狂主持、动画片《花木兰》(Mulan)上的保护神木须龙等，他们共同的特点是仗义、直爽、幽默搞笑而忠于主角。

实际上，一个团队虽然无法离开那些执着工作、努力付出的员工，但是，这并不意味着那些多话的员工就理所应当受到团队排斥和管理者的忽视。正是因为一个团队中大多数员工都是沉默的——不愿进行自我表达，也不愿意分享信息或者提供想法，因此，团队的管理者才更会意识到那些多话员工的重要价值。正因为有这些人的存在，团队内部的不同情况才有了分享和传播的渠道，管理者才不需要总是花很大力气在了解情况、获取员工想法上。换句话说，这些看起来多嘴多舌的员工之所以不会像生活中那样令人讨厌，是因为他们在团队中担任了媒体渠道的角色，能够帮助管理者了解情况。

另外，一个团队中的成员也并不一定就讨厌那些多嘴员工。虽然对于他们是否能保守自身秘密缺乏了解，但团队成员也愿意从他们口中听到不同的信息。而正因为如此，多嘴员工的存在可能成为管理者和普通员工之间联系沟通的一种非正式方式，能够成为员工之间相互分享信息的重要连接枢纽。

站在这样的角度去看待多嘴员工，管理者就会对自身的情感和认识有正确的了解——显然，欣赏多嘴员工，并不是什么大错，反而是一种正常的心理态度。

当然，在认识到这一点之后，管理者还是应该正确评价、约束和引导多嘴员工们的行为。将他们的“多嘴”约束在一定程度，比如，在交流沟通的过程中具体说明哪些事情是能够同他人分享的，哪些事情是不允许多嘴的；又如，对于某些信息，应该有意识地避开那些“多嘴”员工；等等。相信做到这点,管理者就能更好地发挥“多嘴”员工的作用以便利于管理，同时又能有效克服其存在的缺点和破坏作用。

管理者不会轻易开除爱抱怨的员工

如果在管理者内部作一个调查，很容易呈现出这样的局面：管理者因为他们的工作经历、个性脾气、生产产品等诸多不同，而会欣赏不同的员工，但在并不欣赏的员工类型中，他们指向的对象却总是非常相似。

具体来说，管理者所讨厌的员工不外乎以下几种类型：志大才疏型的，这样的员工总是自认为相当高明、有着非凡的才能，然而，他们却并没有真正投入的工作态度；不愿成长型的，这样的员工欠缺工作经验、缺乏工作能力，同时还安于现状，不愿意为企业和个人的发展付出，最终难以成长；破坏组织型的，这样的员工于个人利益或者他人利益的关注远远超过对企业组织利益的关注，结果在实际工作中的表现总是破坏团队内部的人际关系。

相对而言，管理者还会比较讨厌下面这种类型的员工：他们或者为组织和团队付出很多辛苦努力，或者表现较为平庸，但他们都有一种共同的“不良习惯”——爱抱怨、爱批评。

有这样一个寓言故事可以表现出爱抱怨和爱批评是如何影响到管理者和执行者的。

某天，爷爷和孙子带着一头毛驴去赶集。路上，心疼孙子的爷爷让孩子坐在毛驴上，自己走在前面。

不一会儿，身边的抱怨声就传到耳中：“这是什么世道，小孩子坐在驴背上，爷爷却在走路。这不是要把小孩惯坏么？”

听到这样的抱怨，爷爷很不自然，于是他和孙子交换了一下位置。

结果，身边的抱怨声依然没有停止：“这个老年人太不爱惜孩子了，小孩还要长身体，累坏了怎么办呢？”

爷爷没办法，只好抱着孙子一起坐上驴子，而抱怨声则换了个主题：“哎呀呀，这哪是用牲口啊，简直是虐待牲口嘛！”

爷爷听见以后，赶紧带着孙子一起下来，两个人一块牵着毛驴赶路，但身边的抱怨声很快充满了嘲笑的意味：“看这爷孙俩是不是傻了？有毛驴不骑，还走路。”

实际上，无论爷爷怎么决策，都无法平息自己的管理方法带来的批评声。同样，在企业团队中，管理者虽然用尽方法，设计出自认为较好的符合实际的管理方法，但还是会听到团队中不同成员发出的抱怨声。但问题是，这样的抱怨声虽然会让管理者感到或多或少的讨厌，却很少见到有管理者直接因为抱怨问题而开除员工。

究其背后的原因，是因为抱怨的员工对团队也存在其特殊的价值，同时，对管理者的情感和心理也有不同的满足。

喜欢抱怨的员工，在心理上存在着“负面型”人格的特点。即这种人格主导下的心理和行为，常常能够比其他人更早地发现团队工作中的问题和缺点，并及时指出其背后的深层次原因。因此，在团队中有这样的员工存在，无形中就能经常为团队提供重要的批评氛围，而及时指出其他员工工作的错误和不足，指出团队管理的不足，乃至发现整个团队前进方向的不足。正如唐太宗评论魏征那样：“以铜为镜，可以正衣冠；以人为镜，可以知得失。”魏征在唐太宗的团队中是典型的不满者，但唐太宗不仅没有开除他，反而对之加以重用，不能不说其中很大原因就在于此。

另外，喜欢抱怨的员工存在于团队中，一定程度上也满足了管理者营造自身形象的心理需求。当管理者听到抱怨而并没有给予处罚时，就显示出了他们开阔的心胸，同时也向整个团队释放出了积极的信号:作为员工，你们可以对工作畅所欲言。因此，我们可以认为，管理者之所以能够容纳团队中存在着喜欢抱怨的员工，也是因为他们不想看见一个死气沉沉、波澜不惊的团队，而宁愿喜欢一个为了个人和团队利益而有所触动和表达的团队。

当然，不去开除那些爱抱怨的员工，并不代表管理者对这些员工应该完全不给予引导和管理。对于这些员工来说,管理者仅仅给予“言论自由”的空间是不够的,他们更希望管理者能够真正看到其言论背后的根本原因，并作出相应的改变和调整。因此，管理者更需要主动观察员工抱怨背后的问题症结，并做出有效的变化，从而让团队中的抱怨越来越少。

为什么管理者都喜欢用优秀的人打下手

当管理者面对的团队不断变大时，他们将面对一个相当现实的问题：究竟选择哪些员工加以提拔，让他们成为团队中的领头员工。

对于这样的问题管理者们给出了不同的答案。一些管理者倾向于将那些能力优秀而突出的员工提升来担任这些领头员工，原因在于他们有着充分的工作积累，能够用自己的工作经验和能力去影响整个团队，带动其身边的不同员工、不同下属。但是，另一些有充分工作经验的管理者则并不会如此，他们更倾向于让那些工作能力最优秀的员工担任一线的操作工作，反而会选择那些看起来能力平平但忠诚度高、可信度高的员工成为团队内的领头羊。简而言之，最优秀的人，反而只能遭遇打下手的命运。

在最优秀的员工看来，这样的职场命运显然是不公平的。这是因为既然身为优秀的员工，必然有着不同于普通员工的表现，也有着对自身职业进步的充分期待，当他们发现自己只能安于现状，经受担任打下手的命运时，他们当然会感到不公平。这种情绪甚至会影响到整个团队内其他员工的心态，为之抱不平的同事也感到管理者的“无情”。

然而，管理者自身应该意识到，喜欢用优秀的员工打下手，是具有一定的合理性原因的，并非完全出自于管理者个人的嫉贤妒能或者是人际关系的复杂操作。

《无间道》是香港导演刘伟强的系列作品，由刘德华和梁朝伟主演。所谓无间道，是佛教中八大地狱中最痛苦的那一个，而本片以此为片名，显然寓意非常：指出这两个原本身份倒置的人，几乎生活在一个如同地狱一般的环境中，做梦都害怕自己真正的身份被拆穿。

然而，如果说刘德华在警队中作卧底是一开始就选择好的宿命，那么梁朝伟在黑社会中作卧底，看起来就更像是其管理者黄秋生的刻意安排了。从梁朝伟在警察学校开始，黄秋生就发现了他各方面的优秀能力，并安排他走进卧底的生活。随着梁朝伟工作的良好进展，黄秋生越来越重视其作用，越来越不舍得将他从卧底的角色中抽离出来，以至于感到自己遭到上司欺骗的梁朝伟在电话中和现实中一次次地抱怨："三年，又三年，我到底要做到什么时候？"的确，如果是那些工作表现一般的卧底，可能很早就被从这个危险的工作中调离出来了，而梁朝伟却因其优秀的表现被迫留在这个危险的地狱中。

正如电影中所体现出来的那样，让优秀的员工打下手，进行基本工作的操作，往往能够让整个企业团队所承担的基本工作任务有着完美的架构，获得管理者所期待的结果。这样，无论是管理者个人还是团队，都能够从优秀员工的表现中受益匪浅。此时，如果没有充分的必要，或者在没有看到优秀员工的管理能力时，管理者不会轻易冒险去改变自身对员工的看法而安排其担任更高的工作任务。这既是管理者个人追求心理情绪安稳的一种手段，也是维持整个团队情绪稳定的必要方法。

同时，任用优秀员工，让他们上升而非打杂，这样的管理举措也有可能引起整个团队中不同员工的心理情绪。正如职场经验中所体现出来的那样，越是工作能力强的员工，其个人的自尊心和自信心往往越高。这也正是为什么许多团队中都会出现不同的优秀员工之间彼此矛盾难以消除的原因。在这样的情况下，如果管理者贸然进行提拔，那么很容易因为对某一个优秀员工的认可而带来其他优秀员工情绪上的波动和不安，进而导致整个团队工作基础的动摇。因此，与其冒这样的险，不如选择那些能力一般但却有很好的人际关系和交际手段的员工担任核心工作。

由此，我们就可以理解管理者的选择倾向并非没有意义。当优秀员工的个人能力获得认可之后，并不意味着他的地位即将产生具体的变化，反而可能是漫长打杂工作的开始。当然，作为管理者来说，即使意识到这样的心理过程中的合理性，也不应该完全遵照其心理定律加以管理。对于那些在团队中明显表现出很强的工作能力，同时又能够获得整个团队内部成员的充分认可的优秀人才，管理者同样要当机立断，在维护整个团队情绪稳定的基础上对其作出升迁决定。

赢得了员工的心，做什么他都心甘情愿

孙子兵法有云:“上兵伐谋。”在管理中也同样如此。管理者对管理方法的研究和实践，其基本目的在于让员工具有更高的配合度，能够更迅速地了解和执行管理者作出的管理决策,并体现在团队内部的协调和运作中。达到这样的目的，管理者才能够感到管理的乐趣，并真正在实践中获得应有的成长。

因此，不论管理学的流派、管理方法和表现形式怎么多样，其最终的结果都应该表现在对员工心理的掌握上。掌握和赢得员工的心，并非仅仅靠利益上的给予和付出，因为利益的让渡只会带来员工一时的愉悦和满足，而无法满足员工长期的职业心理需求。因此，真正明智的管理者懂得如何能够让员工在工作中获得真正的心理满足感，赢得其内心。

在电影中，我们经常能够看到那些被老板真正征服的员工和只是被利益所吸引的员工，这样的两种形象，分别代表了不同状态下管理者所面对的工作对象，同时又分别表现出不同的工作状态和工作效率。

《英雄儿女》是中国一部于 1964 年拍摄的经典电影。这部电影讲述的是抗美援朝战争时期，志愿军战士王成和王芳兄妹共同走上战场的故事。王成在坚守无名高地的战斗中英勇牺牲，妹妹王芳则在政委王文清的帮助下，继承哥哥的遗志，坚决为战士服务，后来，她终于同养父和生父在朝鲜战场上全家团圆。

在这部电影中，王成作为一个英雄形象而被无数观众铭记并非没有原因。他在坚守无名高地的战斗中，高呼“向我开炮”而和强敌同归于尽。这种不顾自身利益而为团队牺牲的精神，感动了那个时代和之后更多时代的人们。实际上，王成的故事并非虚构。1953 年，志愿军陆军 23 军 67 师 201 团步行机员蒋庆泉和他的战友，在朝鲜战场上遭到了强大的敌军围攻。在战斗间隙中，蒋庆泉抓住机会利用步话机向我军炮兵高呼“向我的碉堡顶开炮！”最终和敌人同归于尽。同年 7 月份，23 军 73 师 217 团的步行机员于树昌也在战斗中这样呼唤我军炮兵开炮，和敌人同归于尽。

究竟是怎样的精神动力让志愿军战士能够像电影中表现的那样忘我付出？事实上是，他们的内心获得了来自管理者的充分支持，因而愿意付出，而并非是简单的利益交换。

正如电影中所表现的那样，当员工真正认同了组织的目标、企业的文化之后，他们将发自内心地为企业的业绩付出自己的精力和心血。即使他们面临着个人利益的牺牲或者难以逾越的困难，他们也会因为对目标的执着和对成功的追求，表现出在组织外部人看来无法理解的奋斗欲望和工作动力。实际上，这并非对员工进行所谓的“洗脑”就可以做到的，而是通过对员工个性的尊重、对其才能的充分发挥和对其在团队中地位的认同，激活了员工内心的正能量。因此，如果说利益的给予只是对员工暂时的认可，那么，对于员工心理的打动，才可以完全赢得员工的心。

当然，赢得员工的心是必要的，且获得的结果也是好的。但另一方面，这又形成了对于管理者的巨大挑战和现实压力。这是因为，在当下这个时代，每个人的个体特征都被充分凸显，个体利益同集体利益之间的差异相当清晰，因此很难轻易让员工认同整个组织的利益，并为之完全付出。这就需要管理者采取恰当的方法、准确的定位来对员工进行引导，从而让员工能够真正为集体付出自身的工作积极性，形成良好的工作心态。

具体来说，管理者可以采用下面的方法赢得员工的内心：

首先，管理者可以主动探寻员工内心的需求。一些管理者总是采取高高在上的姿态，向员工展示组织的利益、企业的目标，并在没有确认员工是否能够充分了解的前提下，就将工作任务强行布置给员工。这样，即使让员工完成了其工作任务，也并不一定能形成良好的推动力，更难以让员工形成更加充分的执行愿望。优秀的管理者则愿意找到员工心理上追寻的状态方向，而当管理者一时无法找到正确方向时，他们将会采用主动沟通、交谈和调查的方式去寻找员工所希望获得的心理状态。

其次，管理者可以通过细节上的满足来体现出对员工内心的征服。例如，当员工由于工作环境的缺点而无法及时地完成工作任务时，管理者应该迅速弥补其工作环境中的不足，即使只改变其中一两个细节，也很容易给员工的内心感受带来满足，并打动他们从而引导他们对集体付出更多的工作积极性。

最后，管理者应该将利益和心理上的给予结合起来，从而形成对员工良好的“拉拢”。管理者既要看到员工在工作中获得实际利益的需求，也要看到员工在工作中获得心理收获的需求。而两者只有充分结合起来，才能让员工的工作积极性获得真实的满足。例如，当管理者在分配提成或发放福利时，既要强调其对员工物质上的满足，同时也要强调其给予员工心理上的激励和支持意义。通过这样的方式，员工将能够获得更好的激励和推动，而整个团队才会因为拥有了这样的员工而获得更加强大的团结力和凝聚力。

第九章

博弈心理学：站在博弈制高点的“心时代”

管理者该不该“避亲”

随着企业规模的不断扩张，管理规范程度也随之不断提升。此时，一个现实的问题摆在了管理者的面前：举任贤者，是否需要避亲？关于这个问题的争论，采用怎样的答案，似乎成为决定企业团队管理有没有达到一定境界的标志了。

在书本的管理理论、知识和原则上，管理者任用亲属，确实是一个相对禁忌的话题。一些管理者不管内心怎样认为，但表面上并不喜欢任用亲属，认为这样的选择，很容易让下属和同事认为自己是在以权谋私，利用职权关系安排和自己关系亲近的人进入身边管理团队担任重要位置，便于下一步在管理过程中获得相对的利益。但实际上,管理者从来都不喜欢“避亲”——与此相反，管理者的心里更加重视任用亲属的重要性。

《教父》(The Godfather)是由派拉蒙电影公司在1972年制作的一部电影。这部电影由弗兰西斯·福特·科波拉导演，获得奥斯卡奖、金球奖以及英国学院奖等不同的奖项。

《教父》是一部讲述黑社会的电影。1945年，美国纽约黑手党柯里昂家族的“教父”维托·柯里昂，为自己的小女儿康丽举行隆重的婚礼，在婚礼上，他的三个儿子先后出场：暴躁而喜好女色的长子桑尼、懦弱内向的次子弗雷德，以及刚刚从“二战”战场回来的英雄小儿子迈克。

在这三个孩子当中，桑尼已经凭借其敢拼敢打的个性，成为“教父”

身边的得力助手，而迈克虽然有相当的天赋，却并没有表现出对家族“事业”的兴趣。实际上，“教父”经营的并不是什么高尚的事业，作为黑手党首领，他干的大都是违法的事情，但另一方面，他也是不少弱小的意大利后裔的保护者，保护他们免受纽约城中大大小小黑势力的骚扰。同时，“教父”还有一个重要的原则，就是永远不碰毒品生意。因为这样的原则，他拒绝了来自土耳其的毒枭索伦佐的合作请求，同时激化了和其他黑帮家族的矛盾。结果，在圣诞节的前夕，“教父”受到了袭击，身受重伤，而家族参谋、其养子汤姆黑根也遭到绑架，索伦佐希望黑根能够将口信带给桑尼，要求他能够担任新教父而同意合作。但迈克赶到了医院，保护了父亲，并设计杀掉了索伦佐和与其沆瀣一气的警长……最终，几经跌宕起伏，桑尼被杀，“教父”在巨大的悲痛中，将家族首领的位置传给了迈克。于是，新一轮的斗争又开始笼罩在纽约城中。

显然，“教父”经营的事业并不是什么合乎法律或者道德的事业，但是，和几乎所有管理者一样，他有着相信亲近人员的情结，只是丝毫并不避讳而已。正因为如此，当大儿子桑尼被杀以后，他毫不犹豫地选择退隐，并为小儿子迈克安排好了接班的顺利道路。

实际上，管理者选择相信亲属，并不奇怪。在现有经济阶段中，民营企业仍然是各国经济发展的重要力量，中国民营企业也在蓬勃发展，对经济做出重要贡献。据有关数据统计，家族式的民营企业对中国 GDP 的贡献超过了一半，而带来的就业岗位也占到社会就业岗位的四分之三以上。根据 2012 年的统计，中国内地有将近 86% 的民营企业是家族企业，而未来 5 ~ 10 年内，这些家族企业中的 75% 左右将会面临选择接班人的问题。

可想而知，这些家族创业者在选择接班人的时候，必然会将人选放在自己的亲属中。这是因为，一方面，彼此之间的血缘关系使管理者更相信他们所选择的亲属接班人，会按自己托付的管理方向发展，从而保证整个企业的发展方向和业务特点的一致性。另一方面，管理者之所以选择任用亲属，是因为选择任用亲属，他们能够在最小的沟通和管理成本下，获得最高的管理效率，得到最好的管理成果。因此，这也是在管理心理博弈中作出的正常选择。

正因为如此，世界上有不少大公司都是家族企业。例如，美国的杜邦公司，已经由整个家族经营 170 多年，成为世界上最大的化学品公司；世界上最主要的私人银行——罗斯柴尔德银行，也是由自身家族经营，长达 200 年左右。

但是，管理者在心理博弈中作出的“最佳”选择——任用亲属，并不能作为让家族企业传承、让企业长青的法宝。正如管理大师彼得·德鲁克所说的那样，家族企业经营的最重要的方法，先要从经营的企业化做起。要让家族的管理传承服务于企业的管理，这样，企业和家族才能同时存在。相反，如果企业服务于家族，那么，家族和整个企业的利益都会遭到损害。

把握住这样的原则，管理者才能正确看待自己对亲属的“重视”心理，一方面，认识到这是一种正常的管理倾向，另一方面，也要看到，只有掌握应有的方法，才能保证在任用亲属的过程中不会破坏到整个企业的利益。具体来说，管理者应该用好下面的方法：

首先，管理者任用的亲属应该具备充分的能力。对于亲属或者同学、朋友、亲信等，管理者应该采用和其他成员同样的标准进行考核。只有证明这些人能够和其他任何员工相比都不会逊色时，才能允许他们进入团队工作。而只有他们的业绩能够比其他大多数员工更加出色时，才能予以升迁。

其次，对任用的亲属要有充分长的考察时间。例如，在杜邦家族，所有男性亲属成员都能够在公司的企业中获得自己的一份工作，在工作的五六年之内，整个家族中的四五位年长并富有经验的管理者将会对这些人进行仔细全面的评估，一旦发现他们不能在十年内成为一名业绩卓著的高层管理者，那么，这些人就必须要离开公司，自谋生路。

另外，在任用亲属之外，管理者不应该因为任用亲属而断绝其他非家族成员的升迁之路。对于那些有知识、专业能力强的非家族成员，他们在公司中同样也应该拥有充分和完全的工作权利，在管理队伍中，也应该给这些人留下相应的位置。这是因为，即使是家族企业，也需要有一位位置较高且资历丰富的外人来调节内部的利益纠纷、客观评价整个企业和管理团队中的矛盾。

为什么好友升职，关系却因此破裂

两年前，小赵和小唐从同一所学校毕业后，同时进入一家医药公司，都担任了医药代表。因为是同学，又同时应聘成功，私底下，两个人始终维持着很好的关系。然而,这样的关系因为一件看似不大的事情破裂了——公司的销售经理位置空了出来，两个人都在积极准备成为新的销售经理。

最终，小赵被升做新的销售经理。面对这样的事实，小唐感到内心很是不平，他感觉自己的能力并不比对方弱，却不知为何没有获得同样幸运的机会。另外，小赵对小唐的态度似乎也有了一些转变。

其实，所谓的好友，常常是我们每个人为自己树立的一个竞争对手、一个超越对象，当我们害怕被这样的对手战胜或压制时，我们便不由自主地选择和他成为朋友，实际上只是为了在内心接近对方那种种优点，从而获得内心的平衡。

在电影《怎么又是你》(You Again)中，这种对友谊的心理层面的解读被深刻地体现出来。这部电影的故事看似老套：所有美国的高校中，恐怕都有一个才貌双全的啦啦队队长，也有一个在班级里面其貌不扬受到排挤的普通女生。玛丽在上学时是后者，长大之后，她终于有机会摘掉眼镜、去掉牙箍,成为公关公司中的主管。后来却发现,自己还要因为哥哥的原因，而必须要和曾经带头欺负、讽刺她的学校啦啦队队长乔安娜成为朋友甚至一家人……

就这样，在看似平和友善的友情关系下，埋藏着误解、报复、妒忌、争吵的矛盾，也有着重归于好的可能性。

看起来，这是一部和职场几乎没有关系的女人电影，但实际上，这部电影生动地刻画出了在职场中的那种“友谊”。

回到本节开头的案例，这种事情时常发生，人们甚至已经见怪不怪。无论大小公司里面恐怕都有类似的故事。这样的友谊破碎，真的令人悲观失望吗？答案当然是否定的。

人类对自身的情感和情绪，是难以控制和理解的，即使是心理学家也不可能做到像医生完全洞察人的身体那样理解人的心灵。对于职场中的普通人来说，往往越是自尊心强、好胜心强且能力突出的人，就越是无法容忍好友对自身的超越。正是因为双方是好友，才会互相真正了解，正是因为这种了解，好友之间才不会有那种下属看待上级或者上级看待下属的光环效应。好友之间充分了解缺点和不足，而好友又往往是性格上互补、价值观相似的人。这样，在好友之间看来，对方的缺点和不足，正是自己的优势和长处。加上人们总是喜欢放大自身的长处和他人的短处，问题就此发生。

这样，管理者就会发现，当好友中的一个人升职以后，另一个就会或明或暗地表现出“他有什么了不起，怎么会比我更快更高”“他上学成绩不行，工作业绩也要靠我支撑”“还是我把他介绍进公司的”之类的想法，而这样的想法就会成为关系破裂的前奏。

另外，管理者还应该清楚，职场上友情的产生或延续也是有其重要基础的。在这个社会中，每个人都在下意识地去对自身认可的社会角色加以扮演，但是，这种扮演是否成功，并不是个体自己能够评价出来的，换言之，每个人在扮演和评价自身的社会角色之余，还需要由他人来进行评价。这样，那些更愿意给个体角色更高成功度评价的人，显然会和个体成为好友。只有这样，好友之间才会互相让对方感到优越感和幸福感，友情才能得以延续。然而，当其中一方升职以后，这样的平衡和谐就被打破了。升职的一方显然失去了能够肯定另一方的基础，因此，即使他并没有说出自己更强的话，也很容易让未能升职的一方产生心理落差，失去原有的评价基础。这样，原本笼罩在双方关系之上的那种和谐友好的气氛就会荡然无存。

事实上，好友升职这样的事情，其背后经常会因为上述心理而产生种种复杂情况。例如，升职的那一方采用过一些“不正当手段”，而让另一方感到无法接受和容忍。又如，升职的那一方给未能升职的另一方提供帮助或者利益，会被看作“施舍”，而如果用严格的工作要求去引导或约束，又会被看作“开刀”。这些情况不仅将会让原本是朋友关系的两个人关系破裂，还会影响整个团队内部的工作气氛。

因此，管理者一旦了解“好友升职”心理现象背后的原理，应该做的并非是听之任之，而是要加以积极的干涉和引导，帮助员工正确面对和化解这样的心理。

例如，管理者应该向未能升职的那一方指出，以好友升职为动力，努力提升自己，从而获得彼此之间友谊的稳固、地位的平等。管理者还应该能够积极辅导员工的职业心理，平息其嫉妒情绪，做好情绪的引导和掌控，并将他们的负面情绪变成进取的动力，将他们的错误心态重新拨回正确的工作态度，将超越目标放在职业心底而并非工作情绪中。这样，既能够保住原有的友情，又能够有利于自我的提升。

当然，作为管理者自己，也应该注意防止“好友升职”的效应。一方面，当自己原先关系良好的同事或者朋友升职之后，管理者应该学会掌控好自己的情绪，做到积极面对，胸襟广阔；另一方面，当自己升职以后，管理者也应该学会处理好同原先好友的关系，防止产生过大差距感，不利于自己在团队内的工作基础。

总之，“友谊”和“升职”，是职场管理博弈中需要正视的一对因素。然而，只要有正确的方法、良好的方向，这样的一对因素非但不会带来破坏，反而能够产生足够的推动力量。

管理失误会导致博弈不利

长期以来，管理者们习惯了这样的定义：管理是一种技术，是利用对员工需求的满足达到有效的激励而进行的活动。然而，在这样习惯性的认识上，他们忽视了管理的另一种属性——心理博弈属性。

举例来说，日本企业的管理，是全世界商场公认的一种典范。但是，索尼公司的前董事总经理天外伺郎说，正是因为绩效考核这样的死板管理制度，让索尼公司彻底丢失了原有的挑战精神和团队激情。理由很简单，看似规则严格的管理制度背后，失去了对心理层面给出的博弈管理。

在传统的西方管理中，一直强调用精确而严格的数字管理来引导和控制整个团队，但随着经济的发展、生产形式的变化，近年来这种管理方式越来越呈现出管理上的不力。因此，随着管理心理学的发展，不论是东方还是西方，都更加关注管理中心理博弈的因素。这是因为，人的心理才是管理的核心，而一个企业内部的利益分配也并不仅仅以公平公正的形式存在，也会以博弈的形式加以表现。因此，金钱并非万能的，那些士气高涨的团队，并不一定就是投入金钱最多的，但一定是管理者在心理博弈上效果最好的。

"攻心为上，攻城为下"，作为团队或者企业的管理者，身为一群下属的核心，你只有采用正确的博弈方法，才能顺利地在上下级博弈中站到心理高地上。反之,如果不能在心理博弈上成为优势者,管理就一定难以高效。

电视剧《大宅门》根据同名小说改编，编剧和导演都是郭宝昌。这部电视剧有着强大的演员阵容，讲述了一个医药世家如何经历了清朝末年、民国、军阀混战、抗战直到新中国建立的历史进程，艺术而真实地反映出这个家族企业随着社会环境而变化发展的渐变过程。基于这部电视剧的艺术性和思想性，播出之后便受到了社会各界的好评，获得了2001年中央电视台的收视冠军。

大宅门的主角是由陈宝国饰演的白景琦，在整部电视剧中，充满了这位传统企业管理者的管理故事，表现出传统文化和管理实践相结合而体现出的智慧。但是，这位高明的管理者，在少年时期却恰恰是最难以管理的。

白景琦桀骜不驯、顽劣不堪，因此，气跑了好几位教书先生，就连原本能够管理好整个家族的二奶奶也对他无可奈何。然而，新来的老师季先生，却轻轻松松地让他改头换面——深夜读书，还能当众绘出百寿图……这位季先生采用了怎样的管理方法来约束和引导这样的“下属”呢？其奥秘就在于心理上的博弈，而并非需求上的简单满足。

例如，季先生一开始就抓住了被管理者在心理上的思维定式加以博弈。在白景琦看来，所谓先生，无非会念几句子曰诗云的古文，让学生昏昏欲睡。而季先生一开始就表现出了自己的文武双全和德才兼备，让对方在心理上处于了无法完全认知和了解的弱势地位。这样，接下来的博弈形势也就能够得到改变。

其次，季先生作为管理者，为了获得心理博弈中的主动，对“下属”的心理活动有充分的了解。他走到教室门口，看见里面过于安静，马上就知道存在问题，再一看白景琦故作严肃的样子，就了解了其中的问题。于是，他马上用威严的声音叫白景琦出来，而白景琦虽然知道有问题，也不得不自尝苦果，被门上安排好的“机关”洒了一身的墨汁。由于抓住了白景琦的心理活动，在博弈中取得了胜利，其他“下属”（学生）也就不难管理了。

另外，季先生还利用机会、抓住下属对上级的崇拜和敬畏心理，在博弈中取得优势。他利用时机表演“一指禅”的功夫，让白景琦彻底开了眼。于是，两个人有了这样一段对话——

“你可真神了！”

“那当然！”

“那你教我吧！”

“不教！”

“怎么了？”

“学好了书我再教你。”

这样，下属由于在心理博弈中处于被引导的一方，而必然成为积极主动的工作者。

可以说，管理者和下属，即使是亲如师生的关系，在双方一开始接触的时候，也不可能是天然的和谐、合作关系。恰恰相反，由于下属对管理者的不了解、怀疑，更因为下属对自身利益的过分看重，导致双方一开始并不可能迅速在心理上相互认同、理解，这就更需要管理者运用博弈的方法和能力，获取下属的“心”。

然而，并非所有管理者都能够认识到管理中心理博弈的重要性。因此，经常会出现下面这些管理失败导致博弈失败的现象：

或者是管理者布置任务后，下属无法认同，于是，两人产生争执乃至发生矛盾，工作任务没有人去具体执行。管理者想找人替换，但却没有好的人选，更担心这样会引起对自己领导能力的质疑。

或者是管理者布置任务后，下属提出条件，而管理者并不情愿地同意了。这样，下属虽然接受了任务，而管理者却感到自己在心理博弈中处于了弱势地位，感到很不情愿。如果是下属被管理者说服，下属也会认为自己是被迫，同样影响管理的效率。

上述这样的管理失败，自然会导致博弈的失败。反之，如果采用季先生的做法，用不同的方法“说服”对方乃至“引诱”对方，通过一些条件的提出和达成，让对方觉得合作是最合理的选择，这样，下属就会出于自身心理和利益的需要同上司互相配合，顺利完成工作。这种结果，才是管理者应该达到的最好境界，也就是所说的心理博弈。这种博弈经常发生于下属和上司的互动中，人们虽然能够感觉，但却无法看到。然而，只要管理选择了正确的方法和途径，这样的心理博弈就会成功。

管理者都喜欢能独当一面的下属

《阿甘正传》(Forrest Gump)，是一部根据同名小说改编的美国电影。这部电影在1995年荣获奥斯卡六项大奖，并因为其真实而艺术地体现了一个人的内心世界和外在努力，展现了人性的光辉而获得世界众多影迷的喜爱。

主角阿甘，出生在美国南方亚拉巴马州的一个闭塞小镇中。他天生轻微智障，智商只有75。但是，他的母亲性格坚强，想让孩子和其他正常人一样生活下去，于是常常鼓励阿甘，教育他和别人是一样的，鼓励他自强不息。在这样的鼓励下，阿甘发现了自己奔跑的天赋，也有了单纯而不存邪念的人生观和世界观。不久后，在校车上，阿甘认识了金发女生珍妮，从此，在亲情和友情的推动下，阿甘开始自己一生的奔跑。

上中学时，阿甘为了躲避同学欺负，而跑进了一所大学的橄榄球场，结果，所有人发现他的奔跑速度让人吃惊——就这样，他升入了大学。而在大学中，他成为独当一面的橄榄球巨星，受到了总统肯尼迪的接见。大学毕业后，他报名参加了越战，一次战斗中，他听到撤退命令，想起珍妮的嘱托，立即跑开。但当他想到自己的同胞好友还在敌军包围中，于是回头将其救出，“顺便”救走了整个团队。战后，阿甘又迷恋上了乒乓球，而且技术相当精湛，甚至成为乒乓外交的使者，为中美建交做出了重要贡献。接下来，阿甘成为捕虾船船长，发了大财，成了百万富翁。而阿甘也开始带领着许多陌生人，开始了长达三年多的长跑运动……

阿甘这样的角色，虽然充满戏剧性，但却并没有让我们感到虚幻，相反，似乎每个人的生命中都有这样的一个角色——他们或许并不聪明，也并不招人喜爱，但是，他们勤勤恳恳、能够坚守自己的岗位，能够完成上级要求的所有任务甚至超常发挥。当上级将工作任务分配给他们之后，不会感到担心犹豫，这源于他们的独当一面所带来的充分的安全感。

因此，没有管理者不喜欢这些能够独当一面的下属。阿甘之所以能够在社会中不断进步、不断提升，也正因为他是这样的下属而得到了所有管理者的认可和喜爱。

那么，管理者为什么喜欢这样的下属呢？

首先，管理者需要从团队中得到安全感，然后才是具体的成就和利益。众所周知，任何人成为管理者之后，所追求的第一步并非立刻带领团队获得优秀业绩，而是观察自己的管理环境，并希望得到充分的安全感，保证自己能够顺利成为团队的管理核心。因此，管理者需要重点关注和培养那些能够独当一面的员工，并从中获得这样的安全感。

其次，独当一面的下属可以打动其他员工的竞争心理，成为他们敬仰的核心，给整个团队带来凝聚力。这是因为像“阿甘”那样的员工虽然不一定有过人的特长或技术，但他们拥有足够的忠诚、执着的努力和坚定的信念，同时还有能够迅速吸引他人的魅力，有这样的特质，总是能轻松打动其他员工，并凝聚身边的同事，从而为整个团队带来良好的工作气氛。

最后，下属独当一面的行动，常常能够激发管理者的思考和行动。当“阿甘”这样的员工接到行动的指示后，会不断尝试不同的方法加以完成，观察他们的行动结果，并从中得到成功和失败的经验，对于管理者来说也大有益处。因此，管理者不可能忽视这样的员工。

为此，身为管理者，你不仅应该了解独当一面的下属的重要性，更要积极从自身心理和团队利益出发，去发现那些有能力独当一面的下属，去培养和发掘他们的潜能。下面的方法能够帮助你很好地做到这些：

第一，在心理博弈中为有潜力的下属开出较好的条件。当你在工作实践中发现了这种能够独当一面的员工之后，应该想方设法通过开出较好的工作条件，来吸引他们承担起重要的责任。实际上，这也是心理博弈过程中的一个重要的环节。只要管理者给予充分的信任和赋予应有的权力，这样的员工就会果断地站出来履行在基层中带头的责任。

第二，通过博弈，为独当一面的下属创造良好的工作环境和氛围。管理者要适当地通过在员工队伍中进行沟通来肯定和确认这种员工的价值，同时做出积极的暗示和指示，要求其他员工能够协同这样的下属做好工作，从而在众多员工的心理上树立起这种独当一面员工的权威，以利于其更好地发挥自身特点来工作。

第三，让独当一面的下属参与更多的管理博弈。当这种员工获得一定的工作成绩之后，管理者可以适当让员工参加管理过程，如咨询其对工作的建议、对人事的看法等。这样，在和员工的心理博弈中，有这样的员工参与，你将握有更大的主动权来做好管理职务。

年终奖、论资排辈都与博弈有关

在不同的企业组织中，都有着不同的薪酬结构、薪酬制度。例如，一些企业对中高层管理者实行年薪制度，而另一些企业则将一定比例的工资以年终奖形式发放，还有些企业则并不将年终奖的发放作为一种企业文化和企业制度实行，而是加以灵活的掌握和控制。然而，绝大多数企业中，经过一年辛苦工作以后，员工总是希望通过获得年终奖来得到认同与回报，在更加深层的意义上，年终奖的发放，也是员工之间心理博弈的一种重要过程和象征。而年终奖的多少，并不单单是收入上的差别，同时也代表了员工团队中的论资排辈心理。

实际上，论资排辈原本不应该影响到年终奖的评估和发放。因为在管理者看来，年终奖应该是一种有效的投资。不少资深的管理者都采取差异性年终奖金制度，即将年终奖和年终评估挂钩，通过对员工进行一定标准、一定程序的年终评估，然后通过评估结果来发放年终奖励。这样的考核方式，相对来说能够比较容易地体现出公正公平且赏罚分明，同时也能减少年终奖金分配中过多的心理博弈过程。

然而，不少管理者在处理年终奖问题的时候，并没有完全看到其中有可能产生的心理博弈问题。他们常常过多地将员工之间论资排辈的情绪和结果牵涉到自身的管理工作中，导致员工内部因为年终奖而产生矛盾，从而破坏整个团队的和谐气氛和协作关系。

美国影片《魔鬼女大兵》(G.I.Jane)，表现的就是团队中容易论资排辈进而影响到评价的故事。

海军情报官欧尼尔，因为其女性性别而无法实现自身能够出现在前线的志愿。同时,参议员狄海文为了其政治目的,大力支持海军应该吸纳女兵。最终，狄海文和海军方面达成协议，在众多人选中挑中了欧尼尔，欧尼尔成为美国历史上第一个参加海豹小队训练的女军官。

不难想象，欧尼尔作为一名新兵，在海豹特遣小队中受到了怎样的论资排辈的轻视。同时，其女性的身份也让其难以得到公平的评价。但是，欧尼尔因为自身的积极表现，不仅通过了训练，还利用其坚毅不屈的奋斗精神，获得了所有团队成员的尊重。然而，狄海文作为原本的支持者又基于其政治利益而改变态度，他开始诬陷欧尼尔是同性恋，并试图强迫其退出训练。在上级和朋友的支持下，欧尼尔找到了狄海文与海军双方勾结的证据，并以全面揭发作为威胁迫使狄海文和海军同意她重新返回特遣小队。最终，在某次实战过程中，欧尼尔利用其训练的经验和胆大心细的判断力、高超的执行力，顺利地完成了任务，还解救了特遣小队的总教练，最终消除了他对于新兵和女性的歧视。

正如影片中曾经处处为难欧尼尔的总指挥官在最后反省后所说的那样:“她没有问题，问题在我们。”事实上，因为论资排辈的思想影响而在以年终奖为代表的团队评估中受到影响的员工，并不一定真的有什么明显的缺陷和问题，相反，他们很可能并没有什么问题，却成为整个团队论资排辈心理博弈的受害者。

实际上，论资排辈在企业组织中并不鲜见，而其心理博弈过程也被心理学家加以深入的研究。论资排辈之所以能够被许多管理者所接受，是因为这种方法在一个组织内部推行起来阻力最小、压力最小而各方面都能接受(起码在表面上)。心理上，每个人都能有这样的认识:资格和辈分是一种硬指标，无法产生具体的争议，同时也并没有对任何人产生针对性的不公。即使年轻人，他们在有反对情绪的同时，也会认为自己有朝一日将成为这种体系中的获益者，而难以在心理上完全下定决心来形成反对势力。因此，一旦论资排辈得到了整个企业组织层面的认可，想再要废除就很难实现。

因此，可以说，论资排辈是能够在心理博弈中将不同的争议和各种不满情绪充分保持在最低的有效方法。在团队管理过程中，管理者不妨参考这种方法的价值，将资历作为选拔人才优先顺序的方法和标准之一。例如，在能力相当、业绩相当的情况下，那些为企业服务时间更长的员工，他们对企业的忠诚更容易获得肯定、他们职业的前景也更加稳定。因此，管理者应该在包括年终奖等不同评估结果上，稍微倾向老员工。只有这样，才能充分展现出企业对于老员工的重视和珍惜，也才能对新员工产生积极的引导作用。在这样的“论资排辈”中，所谓的“资”将不仅仅体现出员工在企业内部工作的实际时间，更会体现出“时间 + 才能 + 经验”的结合。

当然，在管理的心路历程中，管理者也应该正视自己为何不愿意打破论资排辈的心理。实际上，这种人事管理方法总是能够给团队内部的员工心理博弈带来一种微妙的平衡，而如果管理者贸然将之打破，很可能在心理上和实际工作上都没有对即将产生的后果做好准备。例如，一些管理者会担心，一旦完全废除了论资排辈的评估原则和方法，那些已经身居管理位置或者重要员工位置的老员工，会因为自身利益或者地位受到威胁而对那些新员工进行种种打压和刁难，而新员工的发展有可能将会比论资排辈时更加困难重重。同样，完全废除论资排辈，给基层员工的心理带来的也有可能是安全感丢失的冲击，因为在之前的论资排辈制度下，新员工只要努力工作、持续付出，也总有轮到自身升迁的那一天，但打破了这样的规则，这些基层员工就更不清楚年终奖发放乃至更多评估背后的操作规律——如裙带关系或者利益关系——那样，可能并不公平。

当然，论资排辈虽然有着心理博弈方面种种的合理性，但在一定情况下，管理者也应该学会唯才是举，利用绩效考核的数字来更加单纯地看待员工之间的业绩博弈。在团队的管理、利益的分配上，要学会多元化的人才考核策略。例如，“竞争上岗”“内部公开竞选”和“轮流岗位制度”等，就是在心理博弈上冲击“论资排辈”独大的方法。

总之，管理者既要承认“论资排辈”策略的合理性和实际作用，同时也要学会换一种眼光去看待这样的策略，并尝试将不同的管理策略引入到管理的心理博弈中，发挥合力，产生共同作用。

博弈就是一场有得有失的赌局

和人的一生相同，管理者也会面对心理博弈中两难的选择。既然管理的过程存在心理博弈，那么，这样的博弈必然存在两种可能：得或者失。实际上，博弈意味着选择，而选择必然带来取舍。因此，在心理层面上，管理者必须要学会接受放弃，并面对现实。在管理过程中，由于问题的存在，势必总是会出现对于集体利益、个人利益或者权利、情感的放弃。这种放弃不仅是一种管理的必需，同时也是做人和处世哲学的体现，是企业经营管理能力上升而获得的艺术。而管理的心理博弈中，最难的也就是这种“得失”之间的关系——心理博弈，经常就是得失之间的博弈。

正确看待得失，是因为得与失并非是相对的。有了失，才能有得，管理职责最需要认识的就是这两者之间的辩证关系。是将得失合二为一，还是将两者一分为二，会体现在博弈的过程和结果上。当得失在心理博弈中能够做到合二为一，那么，管理者的管理思想就能够得到有效提升，展现出企业文化的长远发展后劲，而一分为二会让管理超越管理者自己的小我利益，而向更高的目标获得升华。

《一九四二》是著名导演冯小刚所执导拍摄的剧情电影，根据刘震云的同名小说改编，这部电影从冯小刚看中再到拍摄一共历时 18 年，最终在 2012 年 11 月上映。

这部电影讲述的是 1942 年的那一场灾难。当时，中国的抗日战争正处于艰难的战略相持阶段，而此时河南恰逢大旱，千百万的百姓离开家乡外出逃荒。影片在忠实叙述这一历史事件的过程中，试图从当时的国民政府、国际记者和外国宗教人士以及普通的灾民四个方面对这场灾难加以观察和诠释。然而，不论是哪方面的努力，在这场灾难面前，都无法保护灾民的财产、尊严乃至于生命。

这部电影中，灾民中的主角自然要数张国立饰演的地主范殿元。他原本是河南延津地区的地主，家境殷实、家人和睦。在逃荒路上，他成为自己家原先的长工、佃户们的领路人。由于见多识广、管理经验丰富，他比其他灾民也更有见识、更善于判断，一直带领着两个逃荒家庭前进。然而，在电影开头，范殿元表现出的管理错误也是相当明显的——当成群的灾民包围了他的宅院索要粮食时，他面临着得与失之间的心理博弈，如果选择同意，显然众多的灾民会拿走相当多的粮食，但如果选择不同意，人数如此众多的灾民可能彻底抢完宅院里的所有粮食。结果，范殿元作出了一个令人遗憾的决定，他一方面同意招待灾民吃饱，另一方面则又安排手下去报告政府。当事情露馅之后，矛盾也就彻底激化，并直接导致儿子送命。

在这段情节中，我们能够看出传统文化下管理者的一些“习惯性”的失误。他们几乎从没有认识到，管理过程中必须要存在着“得失”，而其中的“失”则是心理博弈之后自身利益的让步和割舍。即使处于优势地位的管理者，也不可能在心理博弈中始终处于“得”的地位。如果现代管理者不承认这一点，那么，其对心理博弈的认识，恐怕和20个世纪40年代在宅院中生活的电影主角一样简单。而所谓的心理博弈，最终又会归结为利益的博弈，只有在利益上有所“失”，管理者才能在心理博弈上有所“得”，并最终获取心理层面和管理层面的收获。

某段时间，深圳一家著名的台资代工企业总是发生员工跳楼自杀事件。一开始，管理者们将之归结为工作心理压力、心态认识等问题，没有采取实际行动加以解决，只是大量招聘了一些心理专业的员工进行辅导。结果，该企业还是接连发生跳楼自杀事件，为此，管理者甚至还邀请了“高僧”前来做法辟邪，但却依然没有产生实际作用。最终，还是在有人提出的建议下，主动为整个企业将近40万的员工全部加薪66%，才获得了企业运行管理的顺利。这种加薪的幅度，几乎在所有企业的发展历史中都未曾发生过。这就是典型的通过利益让渡获取心理博弈成果的范例。

管理者应该认识到，只有当你在一方面有所舍弃和失去的时候，你才能在另一方面获得收入与成就。一些管理者认为，在管理过程中，面向和员工的心理博弈，自己为了得到尊敬、利益、荣誉和地位等，为了获得事业的成功、企业的发展等，一定要想方设法满足自身利益而不愿失去。但正是因为管理者只能将目光停留在获取什么、如何获取上，才会忽略了原本和“得”无法分开的“失”。对于这样的管理者来说，他们应该明白，在管理中，只有敢于失去、选择必要和正确的时间失去，才能获得一种气度和自信，获得管理中的更多成就。